株の稼ぎ技

― 植田日銀の金融政策編 ―

standards

はじめに──不安定な相場でも「勝ち」を増やしたい

「株式投資に興味があるけど失敗したくない。だけど、具体的にどうしたらいいのかわからない」──そんな思いで本書を手に取った読者は多いのではないでしょうか。

何の知識もなく"山勘"だけで、株価の動向を予測し、利益を得ることは難しいものです。

本書では個人投資家、金融アナリストの方々に、株式投資で知っておくべきテクニックを教えてもらいました。基本ワザから、より株主優待の恩恵を得る方法、投資家独自のテクニカル指標の使い方など、投資スキルをステップアップさせる応用ワザを掲載。あらゆる投資家のお役に立てればと思います。

また、過去シリーズで蓄積された数々のテクニックを再整理。投資初心者の方々に向け、押さえておくべき基本ワザも充実させました。

これら総数222個のテクニックを身につけ、2024年から始まる新NISAなどで活かすのもよいでしょう。

今回新たにテクニックを教えてくれたのは、投資家として活躍する平野朋之さん、ようこりんさん、ゆずさん。ファイナンシャルプランナーとして活躍する伊藤亮太さん。そして、金融アナリストの三井智映子さん。

巻頭では投資家としても活躍する戸松信博さんと三井智映子さんの対談を掲載。2023年4月8日、10年間日銀総裁を務めた黒田氏が任期を終え、植田氏が日銀総裁になりました。黒田総裁時代の異次元金融緩和とは何か、それによって株式相場がどう変化したのかという統括から始まり、2023年3月上旬までの相場の振り返り、植田新体制の政策などを話していただきました。

これから変化するであろう相場に不安を感じる人も多いかと思いますが、本書がそうした読者の不安を解消し、投資スタイルの形成の助力になれば幸いです。

『株の稼ぎ技 植田日銀の金融政策編』編集部

プロフィール

平野朋之 [株式会社トレードタイム代表取締役]

ネット証券にてFX業務全般、自己売買部門でディーラー、投資情報室にてFXや日経225の情報を発信した後、2011年トレードタイムを設立。自身もトレードを行いながら、個人投資家支援などを行う。

`ブログ` https://trade-s-room.com/
`Twitter` https://twitter.com/trade_time

ようこりん [個人投資家]

優待&バリュー投資家。投資歴は10年以上、保有する株主優待銘柄は400を超え、1億5000万円の資産を築く。テレビ出演(日経スペシャル人生100年時代マネーの学び)、「ダイヤモンドZAI」などの雑誌への記事掲載経験あり。

`ブログ` https://ameblo.jp/youkorinn37/
`Twitter` https://twitter.com/CDNFusxnupl6X1w

ゆず [個人投資家]

ゲーム銘柄を中心に投資する個性的な手法を用いて、多くの利益を稼ぐ億トレーダー。雑誌「FX攻略.com」への記事掲載経験あり。メディア掲載『カリスマ投資家たちの株式投資術』(KADOKAWA)など。

`Twitter` https://twitter.com/yuzz__

伊藤亮太 [スキラージャパン株式会社取締役]

学生のときにCFP資格、DCアドバイザー資格を取得。その後、証券会社の営業・経営企画部門、社長秘書等(その間に投資信託や株式の販売、セミナー企画、FX事業の立ち上げ、投資顧問会社の設立など)、投資銀行業務にも携わる。

`ブログ` https://ameblo.jp/skirr-jp/
`Twitter` https://twitter.com/skirrjapan

三井智映子 [金融アナリスト]

投資教育に注力し、全国にセミナー講師登壇するほか、企業IRセミナーのプロデュースも手がける。著書は『最強アナリスト軍団に学ぶゼロからはじめる株式投資入門』(講談社)など。

`ブログ` https://ameblo.jp/mitsui-chieko/
`Twitter` https://twitter.com/chiekomitsui

戸松信博 [グローバルリンクアドバイザーズ株式会社 代表取締役]

インターネットを通して中国株の情報発信を続け"中国株のカリスマ"と呼ばれる。メールマガジンの購読者は3万人。現在は雑誌、ラジオ、テレビなどのメディアへの出演や、日本株、米国株、中国株の情報を発信する。

`HP` https://www.gladv.co.jp/

※『2022年版 株の稼ぎ技』に掲載された、V_VROOM氏、かんち氏、足立武志氏提供のテクニックを再編集して収録しています

対談

カリスマ投資家 **戸松信博** *Nobuhiro Tomatsu* と 美人アナリスト **三井智映子** *Chieko Mitsui*

日銀植田体制の相場を読み解く

10年ぶりに日銀総裁が交代となる2023年。イベントでの共演やプライベートでの親交があるという両者に、投資家、植田日銀下の株式相場を分析してもらった。

グローバルリンク
アドバイザーズ株式会社 代表取締役
戸松信博
インターネットを通して中国株の情報発信をしてきたメルマガ購読者3万人の"中国株のカリスマ"

金融アナリスト
三井智映子
交渉アナリスト一級保有。企業IRなどに協力し、日々YouTubeやブログなどで情報を発信

■黒田総裁時代に起きた株式相場の変化

三井 2023年4月から、黒田氏が日銀総裁を退任し、新たに植田氏が就任しました。まずは、黒田総裁時代の政策についておさらいしましょう。

黒田総裁時代以降、マイナス金利など異次元ともいわれる金融緩和が行われましたが、それもすっかり普通になりました。それについて、戸松先生はどうお考えですか？

戸松 異次元の金融緩和自体は、2013年4月、アベノミクスとともに始まりましたよね。

簡単にいうと、ものすごく資金供給をした政策です。銀行が持っている国債などを買って、銀行、市中に資金を大量に供給し、経済をよくしようという緩和策です。

それから、イールドカーブ・コント

アベノミクス ▶ 2012年第2次安倍政権において始まった経済政策。金融政策、財政出動、民間投資を喚起する成長戦略という"3本の矢"からなる

相場サイクルと株価の傾向

業績相場
・金融緩和によって景気がよくなる
・業績の拡大がけん引する形で株価が上昇し、行きすぎるとバブルやインフレにつながる

逆金融相場
・景気過熱を抑えるため政策金利がかなりの高水準に引き上げられる
・株式市場から資金が流出し、株価が下がる

金融相場
・景気が悪く、政策金利の引き下げや量的金融緩和が行われる
・株式市場に資金が流入し、株価が上がる

逆業績相場
・高金利や株安で消費需要が減退し、景気後退局面に入る
・企業業績が悪化しさらなる株安に
・信用不安（証券会社の経営悪化による信用度の低下）なども発生

ロールですね。金利をすごく低く抑えて、お金の周りをよくしようとした。

三井　これら異次元の金融緩和によって、株式市場がどう変化したのでしょうか？

戸松　暗いムードから明るい状態になりました。——思えば、異次元の金融緩和を行う前、2011年や2012年は、相場サイクルでいうところの逆業績相場でしたよね。

三井　相場サイクルというのは、株式相場が「金融相場」「業績相場」「逆金融相場」「逆業績相場」の4つを繰り返しているという考え方ですよね。

　簡単にいうと、金融緩和などで株価が上昇する相場が「金融相場」。業績の向上に合わせて株価が上昇する相場が「業績相場」。金融引き締めで株価が下落する相場が「逆金融相場」。この影響で業績が落ちて株価が下落する相場が「逆業績相場」。

　先ほど戸松先生が話された逆業績相場とは、相場が冷え込んでいる状態ということですよね。

戸松　そうです。2011年から2012年はまだ民主党政権であり、財政政策を全然行っていませんでした。その後、2012年末の選挙で自民党が圧勝して、第二次安倍内閣ができて、アベノミクス3本の矢という政策が打ち立てられ

イールドカーブ・コントロール　▶　2016年から導入された政策。長期国債を買い入れることで、10年国債利回りがゼロ％程度で推移するように長期金利を操作するもの

ました。そのうちのひとつが、異次元の金融緩和だった。

これによって株式市場に資金が流入して金融相場になり、株価が大きく上がりました。

三井 アベノミクスによって上昇基調になった状態を「アベクロ相場」と呼びますが、この当時は、買っていれば相場の上手い下手にかかわらず利益が出ていたような状態でしたよね。

戸松 金融緩和の影響で金融相場になり、株価がどんどん上がっていったわけです。アベノミクスが始まった2012年の終わりに突如日本株の価格が上がり始め、多数のセミナーに呼ばれたのを覚えています。

■ 財政政策を行ってこなかった日本

戸松 しかし、本当の意味で景気をよくするには消費を盛り上げる必要がありました。日本のGDPの約55%、つまり約半数が消費なんです。消費がよくなるには金融政策と財政政策の両方が必要で、当時も十分に財政政策が行われていれば景気を向上させることができましたが、効果は弱かった。

三井 確かに、他国に比べて、日本での収入が横ばいだとよく指摘されていますよね。株価は上がったけど、収入

の上昇につながるような好景気にはならなかった。

戸松先生はよく、「車の車輪のように、財政政策と金融政策の両方が回っていないと景気が前に進んでいかない」と仰っていますよね。

戸松 そうなんですよ。

アメリカは金融緩和と財政政策どちらも行ったので、ものすごく景気がよくなった。

——実際には、アベノミクス3本の矢の中に財政政策も入っていました。それによって2011年、2012年に比べると少しは景気が盛り上がったのですが、インフラ投資がピークに達していた1990年代に比べると盛り上がりに欠けていたといえます。消費税も増税していますし。

繰り返しになりますが、金融緩和だけやっても景気向上にはつながらない。これは、次期植田総裁も同じことをいっていますね。

三井 2023年4月から植田氏が日銀総裁に就任しますが、その後はどうなるのでしょうか？

戸松 現在、日銀が行っている金融緩和を終わらせようと思っても、景気に悪影響を与えてしまうから簡単には終わらせられない。終わらせられるほ

GDP　　　▶ 国内総生産。一定期間内に国内で生み出されたモノ・サービスの付加価値の総額。経済力の目安として使われる

植田日銀の政策について話す戸松さん(左)と三井さん(右)。

ど、日本の景気がよくなっていない。微調整はあるとしても、緩和方向は維持し続けざるを得ないと考えてよいでしょう。

三井　また、日本の債務残高はGDPの2倍を超えている状況で、金利を上げると債券価値が下がり、苦しくなるという事情も抱えている。

　こうした点から、日本は、アメリカやヨーロッパとは事情が違うことを覚えておいたほうがいいでしょうね。

SVBを発端とする 大きな暴落に警戒が必要

三井　先ほど植田さんの話も出ましたが、戸松先生は、今回の総裁交代にあたってどういった点をウォッチされていますか？

戸松　まず、前述の通り政策を引き継ぐスタンスなので、急激に何かがどんと変わることは起こりにくいと思います。ただ、コロナ禍でのアメリカを中心とした金融緩和と財政政策拡大による世界経済の拡大で、日本の大企業の景気は（国民の生活に比べて）よくなっています。

　かつ、日本は金利が低くてアメリカは金利が高いので円安になっています。大企業にとって追い風が吹いている状態のため、大企業の社員の給料は上がっている。

金融政策・財政政策　▶　金融政策は、中央銀行による価格の安定を保つために行われる政策。財政政策は、政府による、増税や国債発行といった歳入・歳出を通じた政策

7

でも、大企業以外はそうじゃない状態ですよね。

三井 先ほど「国民の生活が苦しくなっている」と仰っていましたが、一方で大企業には追い風が吹いている。そうすると社会の格差が——。

戸松 広がってしまいます。

三井 こうした格差問題は、今後の日本の課題ですね。

2022年12月の日銀政策決定会合で、長期金利の変動幅の上限を0.50%にする決定を行ったのはサプライズでしたが、植田氏になってもそうしたサプライズは起こるのでしょうか?

戸松 そうですね。その可能性はありますが、本質的に積極的な財政投融資をやってこなかったから、アメリカのように何%の幅の利上げはできないと思います。

2022年、世界の株式相場は大きな調整となりました。実は、ドルベースで見ると日本の株も大きく下がっているんですが、円安が続いているので、円ベースで見るとそれほどには大きく下がっていない。

三井 円ベースでは今（2023年3月）のところ、日経平均株価は2022年からレンジで推移する形ですよね。

戸松 そういう状態が続きやすいでしょう。

三井 最近のアメリカの事情はいかがでしょうか?

戸松 アメリカの中央銀行（FRB）は、コロナ禍で景気を底上げする量的金融緩和（QE）を行ってきましたが、その後はQEを縮小していき、反対の量的引き締め（QT）を行う流れになっていきました。しかし、直近（2023年3月）で一時的にQEの流れができています。

三井 シリコンバレー銀行（SVB）の破綻による、SVBショックが原因ですね。2023年3月上旬に、大手銀行が3行破綻したことが発端になり、相場に資金が供給された。

また、スイスの大手銀行であるクレディ・スイスも破綻寸前まで追い込まれました。

戸松 その通りです。3つ銀行が潰れ

財政投融資 ▶ 財政政策の一種。日本政策金融公庫といった政府系の機関に投資・融資すること

たことで、ほかの金融機関にショックが波及しないよう、金融機関が持っている国債やMBSを担保として（額面で評価）、1年を上限に資金を供給する緊急貸出プログラムが打ち出されました。その結果、FRBはバランスシートが拡大し、一時的にQEと似た状態になっている。

難しい舵取りですよね。金融機関の破綻が起こる度に即時で流動性（資金）を供給して金融危機を防ぐ方針ですが、それはインフレが収まりにくいことにもつながってしまう。

三井 FRBのミッションは、雇用とインフレ、物価の安定ですね。

戸松 そうですね。

三井 そう考えると、2022年に急激な利上げを行っても、雇用が安定したというのは結構すごい。

戸松 確かに。でも、今は金利を上げた悪影響が徐々に出始めている段階でしょう。

三井 悪い影響……。例えば、相場サイクルでいうと、「逆業績相場」に当たる大きな下落が、これからまだあるのでしょうか。

戸松 ないとはいえません。

リーマンショック前の2007年も、最初にパリバショックという経済ショックが起こりました。そのときは

QEとQTの違い

QE（量的金融緩和）	QT（量的引き締め）
●中央銀行が市中銀行（民間の銀行）から国債などを買い取る ●市場へ資金が供給される	●中央銀行が市中銀行からの買い入れ額を減らす ●市場への資金供給が減る

中央銀行
国債などを買い取る

市中銀行
資金が増加する

中央銀行
買い入れ額を減らす

市中銀行
資金が減少する

MBS ▶ 不動産担保証券（Mortgage Backed Securities）。モーゲージ証券とも呼ばれる。住宅ローンの元本、利子の返済資金を裏付け資産とする証券

株価がそこまで下がらなかったため、みんな大丈夫だと思っていました。しかし、結局リーマンショックへとつながってしまった。

今回、ちょうどSVBショックやクレディ・スイスショックが、過去のパリバショックにあたるのではないかと懸念しています。もちろん、このときの経験があるから、金融危機に陥らないように即時に資金供給を行い、流動性を確保しています。そのため、同じような金融危機になる可能性は低いわけですが。

三井 過去とまったく同じになるとは限らないですが、今のところ、リーマンショック時と結構似ている部分がありますよね。

投資家の方は、そうした状況を見て、甘い観測で取引しないほうがいいかもしれないですね。

日本で金融緩和が終わるには強い好景気が必要

三井 2022年にアメリカ市場は利上げをガンガン行った結果、相場サイクルでいうところの業績相場（業績が上昇して株価が上がる状態）を経て、逆金融相場（金融引き締めによって株価が下がる状態）が足早に来ました。世

パリバショック・リーマンショック時の値動き
[S&P500　週足　2006年10月～2010年3月]

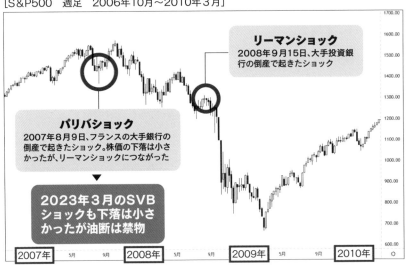

リーマンショック
2008年9月15日、大手投資銀行の倒産で起きたショック

パリバショック
2007年8月9日、フランスの大手銀行の倒産で起きたショック。株価の下落は小さかったが、リーマンショックにつながった

2023年3月のSVBショックも下落は小さかったが油断は禁物

2007年　5月　9月　2008年　5月　9月　2009年　5月　9月　2010年

リーマンショック ▶ 2008年に発生した金融ショック。投資銀行リーマンブラザーズが倒産したことをきっかけに、世界的に金融・経済危機に陥った

界的な流れでは、すでに金融緩和は終わっていますね。

戸松　そうですね。

　ただ、前述のように日本は財政投融資を行っておらず、金融緩和を終わらせるほど景気がよくないため、金融緩和を終わりたくても終われない。

　この金融緩和が終わるとすれば、景気を上向かせる相当な何かが起こったときでしょう。

三井　例えば、消費税撤廃とか。

戸松　そうですね。それらが実現すればものすごく株価も上がると思います。それくらいの出来事がないと金融緩和は終われない。

三井　今のまま何もないと、日本市場は小康状態を続けていくようなイメージでしょうか？

戸松　そうですね。

　ただ、あまり考えたくないシナリオも想定されます。例えば、SVBもそうでしたが、海外では利上げによって金利が上昇して、証券会社が保有している国債などの債券価格が下がってしまっており、その問題は残ったままです。つまり、何かをキッカケに深刻な問題が発生しないとも限らないわけです。

三井　逆業績相場に入り、リセッショ

ン──つまり景気の後退局面に陥る可能性がある。

戸松　2022年は日米金利差があって円安になっていましたが、前述の状態になればアメリカの金利が下がります。日本の金利が変わらないと仮定すれば、金利差が縮まって、ドル安円高のほうに向う可能性がややある。

　そうなったら、日本株も下落基調に転じる可能性があります。

　ただ、ここで伝えたいのは、もしもそのような事態に陥って、逆業績相場で大きく下がったところがあれば、10年に一度の買いのチャンスでもある、ということです。

三井　確かに。アメリカ市場と日本市場で逆業績相場になり、投資のセミナーや投資本の人気が下がるというか、投資家マインドが冷え込んでくるような状態になるところが、実は資産を大きく、長期投資でつくれるチャンスなんですよね。

戸松　そうです。そこに至るまでには、まだ時間がかかるかもしれないですが……。2007年当時ですら、パリバショックからリーマンショックに至るまでに1年ほどかかっています。

　2023年の状況に当てはめて、パリバショックにあたるのがSVBショッ

SVBショックの構造を話す戸松信博さん。

クだとすると、今後半年か1年後ぐらいに何か別のショックが起こる可能性がないとは言い切れませんよね。

三井 ショックが起こりそうな兆しは何かほかにあるのでしょうか？

戸松 そうですね。例えばSVBの場合は、スタートアップ企業が預金をしていた。で、SVBは預かったお金を国債などに投資をしていた。

しかし、政策金利が上がって株価が調整に入り、スタートアップ企業の資金繰りが厳しくなったり、債券価格が大きく下がったものだから、預金者が「このままじゃ銀行が危ない」と考えて預金の引き出しが続いていった。

そのままだと銀行は資金がショートするし、含み損は増えるままなので、国債をいったん清算して赤字を出し、新株を発行して資金を調達しようとしたら、取り付け騒ぎに発展していったわけです。

何を伝えたいかというと、こうしたSVBのような状態は、日本以外の国では結構一緒なんです。そのため、どこかで何かショックが起こりやすい環境が続くのかなとは思います。

三井 この予測を知っているのと知らないのでは大違いだと思います。「下落するかも」というリスクを考えながら投資をすると、暴落しても冷静に

ROE・PER　　▶ ROE（自己資本利益率）は、企業の資本に対してどれだけ稼いでいるかがわかる指標。
PER（株価収益率）は、1株あたり純利益に何倍の値段が付いているかを示した指標

「買い場」だと考えられる。

そのためにも、今のうちに個別銘柄とか、下がったときに買いたい銘柄をあらかじめ探しておくといいですよね。暴落してもパニックに陥らないことはすごく大事なことだと思います。

長期投資は暴落したときが狙い目

三井　戸松先生は、株価が大きく下がったとき、長期的な視点でどういった銘柄を狙うのでしょうか？

戸松　私の投資の軸のひとつはROE（テクニック180参照）です。業績拡大が続く成長株で、ROEがどんどん改善していくものがいいですね。

また、業績好調企業の3年先ぐらいのPERって今20何倍ぐらいの予想なんですよね。もちろん景気悪化時には業績が悪化してROEが下がり、PERが上がる可能性があるわけですが、景気回復時にいち早く業績が回復出来る定性面の強み（独自の強み）を持つ企業で。そうした新興株が、何らかのショックで半値くらいになったときが大きなチャンスかなと思ってるところです。三井さんは何か戦略などありますか？

三井　先ほど日経平均がレンジにあり、ボラティリティの高い状態が続いているといいましたが、こうした値動きが大きいときは短期投資が狙い目かと思います。本業以外にトレードとか、副業とかで収入を増やしたほうが生活水準の向上にいいかと思います。

また、長期投資で、働かなくてもいいような資産形成もやっぱりしておきたいじゃないですか。いつまでも働くのかという話もありますし。

戸松先生が仰る通り、大きな下落が来るのであれば仕込みのタイミングです。高利回りでトップシェアの企業や、なくならないビジネスモデルの企業に分散投資する。

戸松　大きな暴落は、長期の買いチャンスということですね。

三井　ピンチをチャンスに変えるのは準備次第。そのためにも、やっぱり日銀の方針とかが、相場サイクルに関わってくるから重要ですよね。

「大きな下落が来るのであればそこが仕込みのタイミング」

予測と検証の積み重ねが"勝ち"になる

株式検証教室

売買の成果を振り返りつつ、勝てる銘柄・業界を探す必要がある。
3人の投資家に、直近1年の振り返りと2023年の戦略を聞いた。

投資家の方々

 ようこりんさん
優待＆バリュー投資家。投資歴
は10年以上

 ゆずさん
ゲーム銘柄を中心にエンタメ関
連銘柄を売買する投資家

 平野朋之さん
個人投資家支援や株式・FXの情
報発信などを行う

検証1 直近1年の売買を自身で採点するとしたら何点？

 **90点**

高配当銘柄、特にバフェット氏が購入した丸紅（8002）、三井物産（8031）
などは株価が上がり続けて投資金額を回収できました。相場が下落基調
で、かつ超分散投資でも全体で10％以上アップできて満足です。

 **80点**

2022年は、米国株の下落をはじめ、日経平均株価でも年間で10％弱下
落しましたが、そんななか年間でプラスの利益を出せました。特に、長
期保有しているゲーム関連銘柄は、日本のゲーム株全体で年間平均7％
上がりました。指数ベースだと17％のアウトパフォームです。

 **75点**

2022年9月決算に向けて、上昇トレンド過程にある銘柄を買い、下降
トレンドの銘柄で信用売りのスイングトレードを行いました。そのとき
の目標は「負け金額をいかに抑えることができるか」。しかし、その時期
はボラティリティが高かったこともあり、「窓」を開けて寄り付くことが
多く、何度も細かなロスカットに引っ掛かってしまいました。もう少し
余裕を持った売買を行えばよかったと反省しています。

検証2　直近1年間で印象的だった取引を教えてください

ゆず

ゲームアプリ「メメントモリ」が配信されて、初動で大きな売上を出していたのにもかかわらず、株価にはまだ大きく反応しなかった点が買いサインでした。追いかけていた人にとっては、比較的簡単に相場に乗れたかと思います。買いから7日で5倍強になりました。

[バンクオブイノベーション（4393）　日足　2022年10月～11月]

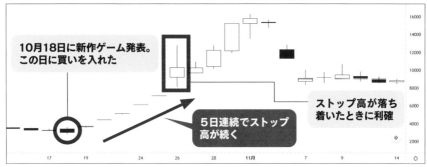

10月18日に新作ゲーム発表。この日に買いを入れた

5日連続でストップ高が続く

ストップ高が落ち着いたときに利確

平野
朋之

2022年、コロナ禍からの回復期待と入国者数の制限撤廃、観光客の受け入れ解禁などの規制緩和の材料を見て、インバウンド関連銘柄のANA HD（9202）を買い持ちしました。ポジションを取ったタイミングは50期間の移動平均線でトレンドを確認し、押し目を2つに分けて分散買いを行いました。11月11日に50SMAを割ったため利確。

[ANA HD（9202）　日足　2022年8月～10月]

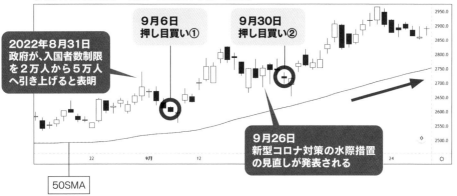

9月6日 押し目買い①

9月30日 押し目買い②

2022年8月31日 政府が、入国者数制限を2万人から5万人へ引き上げると表明

9月26日 新型コロナ対策の水際措置の見直しが発表される

50SMA

2023年といわず、私が中心に売買してるゲーム関連銘柄は世界のゲーム相場規模が今後も拡大、成長が見込めます。この銘柄群はメタバースやNFTとも親和性があります。ソニー（6758）や任天堂（7974）をはじめ日本のゲーム関連銘柄は注目でしょう。

マスク解禁・イベントでの声出し解禁もあったため、ライブやイベント事業のKeyHolder（4712）やぴあ（4337）にも注目しています。

高配当利回り銘柄の押し目狙い。

特に決算が多い月（3月、9月、12月など）の1〜2カ月ほど前から、配当利回りがおおよそ8％〜10％の銘柄をウォッチし、下げた水準で買い持ちをし中期的に保有。

利回りがいい銘柄を保有することで、株価変動を緩和できるメリットがあり、また、売り急ぎを抑えることも可能になります。

アパレルが割安なので注目しています。特にハニーズHD（2792）は、2000年ごろに5000円台だった株価が1600円台にまで低下。安くておしゃれで全国展開しているため業績上昇のストーリーが描ける。2023年4月時点で年初来高値を更新している点からも上昇に期待できます。

［ハニーズHD（2792）　日足　2018年5月〜2023年4月］

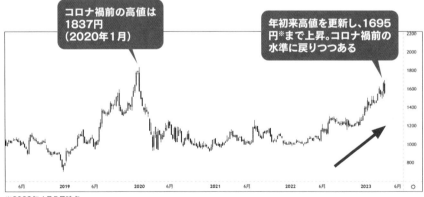

コロナ禍前の高値は1837円（2020年1月）

年初来高値を更新し、1695円※まで上昇。コロナ禍前の水準に戻りつつある

※2023年4月5日時点

| 本書の使い方 |

　掲載テクニックは章ごとに「基本」と「応用」に分かれており、執筆いただいたトレーダー・アナリストの名前を掲載しています。記載がないものは『2022年版 株の稼ぎ技』に掲載された、V_VROOM氏、かんち氏、足立武志氏などの提供による現在でも有用なテクニックを、データを更新して再編集しました。ページ下部の欄外では、用語の解説を行っています。また、時折2つのアイコンを掲載しています。特定の時期にのみ有効なテクニックは「時事」。有用なテクニックではありつつも損失リスクがあるものは「リスク大」としています。

基本／応用

一般的に使われているセオリーを基本ワザ、基本ネタからステップアップしたテクニックを応用ワザとしています

執筆者名

アイコン

📺 時事
特定の時期に有効なテクニック

⚠ リスク大
有用ではあるが損失を追う可能性があるテクニック

用語解説

contents

Section1. 株式投資の基本

Section2. 配当と優待

Section3. IPO・銘柄選択

Section4. チャート・テクニカル

Section5. ファンダメンタルズ

Section6. 税金

Section7. アノマリー

【免責】
株式投資はリスクを伴います。本書で解説している内容は、個人投資家やアナリストの方々が使う手法・知識をテクニックとして収録したものですが、投資において絶対はありません。製作、販売、および著者は投資の結果によるその正確性、完全性に関する責任を負いません。実際の投資はご自身の責任でご判断ください。本書は2023年4月時点の情勢を元に執筆しています。

株式投資の基本

株式投資を始める前の準備として
チャートの構成要素や注文方法、証券所のしくみを解説。
また、投資戦略の基礎となる順張り・逆張りや、
応用の効く貸株制度、信用取引二階建てなど
ステップアップを目指せるワザも紹介。

ひとつのローソク足から4つの価格情報を読む

ゆず

実体とヒゲで構成されている

ローソク足は、一定期間の株価の動きを示したもので、形がローソクに似ているため、そう名付けられている。

ローソク足には始値、終値、高値、安値の4つが示されており、実体とヒゲの2つで構成される。

実体は始値と終値の範囲を四角く囲んだもので、値上がりを示す陽線は白か赤、値下がりを示す陰線であれば黒か青で表示される。ヒゲは始値と終値を超える値動きを示したもので、高値から実体に引かれたものを「上ヒゲ」、安値から実体に引かれたものを「下ヒゲ」と呼ぶ。

後述するテクニック103、104のように、ヒゲと実体の長さを見ることで、相場がどんな状態だったのか一目で判断できるのが、ローソク足の特徴である。

チャートに含まれる3つの要素を読む

ゆず

3つの要素から構成される

チャート（株価チャート）とは、1日、1週間、1カ月といった期間の株価をグラフ化して見やすくしたもの。株価を見ただけでは、安いか、高いかを判断できないが、株価チャートを用いてテクニカル分析をすることで、高いか安いかを判断したり、売買の参考にできる。また、相場のトレンドや過熱状態などを捉えるために活用することも可能だ。

ローソク足、移動平均線（テクニック124参照）、出来高（テクニック121参照）と主に3つの要素からチャートは成り立っており、ローソク足で一定期間の値動きを、移動平均線で株価のトレンドを、出来高で投資家からの注目度がわかる。株価の安値圏や高値圏で出来高が急増すると相場の転換サインのひとつと捉えられる。

| テクニカル分析 | ▶ 過去の値動きをもとに分析を行い、そこからトレンドやパターンなどを把握し、将来の値動きを予測して売買判断をする手法 |

基本
lecture
003

株式投資では２種類の利益を狙うことができる

三井智映子

キャピタルゲインと
インカムゲイン

投資で得られる利益は、大きく分けるとキャピタルゲイン（Capital Gain）とインカムゲイン（Income Gain）に分けられる。

株式投資におけるキャピタルゲインとは、株式を購入した際に、その株価（資産価値）が上昇すると得られる利益のこと。例えば、1万円で株式を購入して、1年後にその株式の価値が1万5000円になって売却した場合、5000円のキャピタルゲインを得られる。

インカムゲインとは、配当などによって得られる利益のことだ。株式を保有している場合、その企業の配当金や株主優待がインカムゲインとなる。キャピタルゲインと異なり、資産価値の変動に左右されず、安定した収入が得られるため、収益の多様化をはかるためにも重要だ。

基本
lecture
004

投資は順張り手法が一番負担がない

三井智映子

比較的安心して
利益を得らえる基本的な手法

順張りとは、株価が上昇トレンドにある銘柄を買い、下降トレンドにある銘柄を売る取引のことで、相場の流れに乗る取引方法。

この手法が使いやすい理由としては、相場の流れに沿って取引するため、予測がしやすくリスク管理が容易であること。また、トレンドに沿った銘柄を選ぶことで、投資初心者でも比較的安定した収益を得ることができるため、市場調査の負担も少なく、気軽に取引できることなどが挙げられる。

また、順張りによる取引は、相場の流れに乗るため、一般的に心理的負担が少ないとされている。ただし、順張りでも相場が急落するような極端な状況では損失を被る可能性があるため、資金管理やリスク管理は必須である。

逆張りを行うときは
反発を確認してから買う

リスク大

逆張りでのリスクを抑えるには「待ち」が重要

逆張りとは、相場の流れに逆らった手法のこと。株価が下がっているときに安く買い、株価が上がっているときに高く売る。

順張りと比べてより大きな利益を狙えるが、その分リスクも大きくなる。トレンドに逆らって売買する手法であるため、続落(売り方の場合は踏み上げ)のリスクを抑えるには、できるだけ反転(空売りの場合

は反落)の可能性が高いときを狙いたい。例えば、長い下ひげを付けたときやダブルボトムとなったとき、直近の安値を割らなかったときなどは反転の可能性が見込める。チャートで底値となっている価格帯出来高(テクニック122参照)が多い場合も、さらに安くなる可能性が小さくなるため、逆張りのリスクを抑えることができる。

逆張りを行う際には、ぜひ押さえておきたい。

逆張りのタイミングの例

［リバーエレテック(6666)　日足　2022年3月～9月］

長いひげ
（テクニック104参照）

ダブルボトム(テクニック114参照)

指値注文と成行注文を使い分ける

価格を決められる「指値」すぐ約定させる「成行」

　株式投資を成功させるには、注文を出すタイミングが重要。そこで「指値注文」と「成行注文」を使い分けよう。

　指値注文とは、投資家が売買価格を指定して注文する方法のこと。希望した価格で売りたい、買いたいといったときに使う。仕事などで手が離せないときでも注文を出しておけるので活用しよう。

　ただし、その価格にならなければ注文が成立しない点には注意が必要である。

　成行注文は、値段を指定しない方法のこと。そのときに出ている最も低い買い価格で売り注文、あるいは、最も高い売り価格で買い注文が成立する。

　ちなみに、成行注文は指値注文よりも約定が優先されることは覚えておきたい。

「指値注文」と「成行注文」の違い（買いの例）

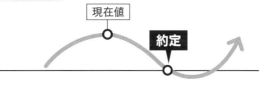

指値注文

現在値とは異なった指定の価格で約定する注文

成行注文

現在値と最も近い価格で約定する注文

基本 lecture 007
想定外の損失を防ぐには逆指値注文を使う

決済は自動的に実行されるように設定

　人はいざ損失を出すと「今、決済すると損失が確定してしまうが、今後伸びるかもしれない」「10万円の損も15万円の損も変わらない。マイナスがなくなるまで持っておこう」など、決めた損切りルールを変えてしまう傾向がある。

　そこで活用したいのが「逆指値注文」だ。

　これは、現在の価格より下がった場合に指定した価格で決済される（売りの場合は現在の価格よりも上がった場合）という注文だ。

　買いの場合は、下の価格に注文を出すことで自動で損切りができ、これによって冷静に取引することができる。損切りラインは節目や移動平均線を通過するなど、状況によって変更しよう。

逆指値注文を使って自動的に損切りする
[ソフトバンクグループ（9984）　日足　2022年10月〜12月]

①株価が上昇すると考え、買いを入れる

②予想に反して株価が大きく下落

③逆指値注文を出しておけば、指定の価格まで下がったときに自動で決済できる

基本 lecture 008
株式は原則「単元」ごとに売買する

三井智映子

日本株は原則100株から購入できる

日本の株式相場では、株式を単元という単位で売買することが一般的だ。株式の単元とは、一度に取引可能な最小単位のこと。

日本の上場企業の売買単位は、投資家の利便性から徐々に集約されており、現在は100株に統一されている。つまり、日本株を購入、売却する場合は、原則100株単位で売買する必要があるということだ。

なかには単元未満の株式を取引できるサービスを提供する証券会社もあるが（テクニック012参照）、配当金や株主優待がもらえる、議決権などが行使できるといった株主の権利を得るためには1単元以上持つ必要がある。

なお、米国株は原則1株から取引可能であり、単元は国によっても異なる。

基本 lecture 009
東証は3つの市場に分かれている

三井智映子

最も基準が厳しいプライム市場

東京証券取引所（東証）では2022年4月4日より、「プライム市場」「スタンダード市場」「グロース市場」の3つの市場区分となった。

プライム市場は、グローバルな投資家との建設的な対話を中心に据えた企業で構成され、新規上場および上場を維持するためには、株主数800名以上、流通株式数2万単位以上、流通株式時価総額100億円以上、流通株式比率35%以上、時価総額250億円以上などの基準がある。スタンダード市場は公開された市場における投資対象として十分な流動性とガバナンス水準を備えた企業、グロース市場は高い成長可能性を有する企業と定義されている。これらの市場区分を理解し、企業の特性に基づいた投資戦略を検討することも、投資成功の鍵となるだろう。

基本 lecture 010 株式市場の開場時間を意識して売買する

ゆず

株式を売買できるのは平日の5時間

株式は証券取引所で売買が行われており、取引を行う時間が決まっている。東証の場合、9時に取引が開始され、11時30分から12時30分まで休憩を挟んで、15時まで行われる。午前の取引時間を「前場（ぜんば）」、午後の取引時間を「後場（ごば）」と呼ぶ。注文は、午前は8時から、午後は12時5分から受け付けている。また、取引は月曜日から金曜日までの平日に行われ、土日祝日と年末年始（12月31日から1月3日）は取引が行われない。

8:00	注文受け付け開始
9:00	取引開始（寄付）
〜	
11:30	前場が終了
12:05	注文受け付け開始
12:30	後場が再開
15:00	取引が終了（大引け）

基本 lecture 011 ストップ高が発生した銘柄は安易に手を出さない

リスク大

過度な株価変動を抑えるための制度

株価が変動しすぎて投資家の財産が一気に消失してしまうのを防ぐために、株価には値幅制限が設けられている。この値幅制限の上限を「ストップ高」、下限を「ストップ安」という。

ストップ高になった銘柄は出来高が異常に高まることから「買いのチャンス」と考えられているが、2017年発行『株暴騰の法則』（スタンダーズ）の検証によると、過去26年間のストップ高になった銘柄を翌日の寄付で買い、含み益が10％、もしくは含み損が10％になって売った場合、勝率が38.72％、平均損益が−1.46％の負け越しという結果になった。ストップ高を付けてもすぐ飛びつくのは避け、翌日以降の動向を様子見してから慎重に買うのが無難といえる。

高額な銘柄は単元未満株で少額から買う

一度では手が出せない
高額株も購入可能！

通常の株取引では、各銘柄毎に売買の最低単位である単元株数が決まっている。100株を単元株数としている企業が多い。単純に考えると、株価が1万円を超えている銘柄を買うには、100万円以上必要になる計算だ。

そこで活用したいのが、「単元未満株」という制度だ。

単元株数に関わらず取引が可能になるため、高額な成長株などでも少額の資金で買い付けたり、未満株を合算して1単元にすることができる。ちなみに、単元未満株は、株主総会における議決権の行使は認められないが、配当の配分や株式分割の割当は、保有株数に応じて正規配分される。

気軽に投資を始められるポイント投資

伊藤亮太

ポイント投資から始めて
心理的な負担を抑える

投資初心者の多くが、自分の財産を増やしたいものの、マイナスになるのは嫌だという発想を持つ。そうしたときは、心理的な負担が低いといえるポイント投資から始めてみてはどうだろうか。

例えば、楽天では、楽天ポイントを使ってアクティブコースとバランスコースの2通りで運用できる。ア

クティブコースは積極的な運用を目指す人向けで、日々の値動きが大きい。バランスコースは、安定的な運用を目指す人向けで日々の値動きは小さい。利益が出た分は楽天ポイントとして返ってくる。楽天をよく使う人の場合、楽天ポイントをすぐに使わずに運用して増やすといった選択肢もあるのだ。証券会社によってはdポイント、LINEポイント、Tポイントなどでも投資できる。

税金ゼロで株式投資を行う

三井智映子

20.315%の課税を回避する

通常、投資をする際、運用益に対して20.315%課税される。しかし、非課税制度を使えば税制メリットを受けながら投資することが可能だ。

日本における非課税制度には、iDeCo（個人型確定拠出年金）とNISA（少額投資非課税制度）がある。iDeCoは老後のための資金、将来の年金受給に備えるための運用目的でつくられた制度。60歳にな

らないと引き出せないが、運用時に加えて積立時、引き出し時にも税制上の優遇が受けられる。

NISAは資産形成が目的の制度。一般NISAは株式や投資信託、ETF、REITと対象が幅広く、年間120万円以内の投資の運用益が非課税となる。つみたてNISAは年間40万円という非課税で資金を積み上げて資産構築する狙い。なお、一般NISAとつみたてNISAはどちらかしか選択できない[1]。

株式投資で使える3つの非課税制度

	一般NISA	つみたてNISA	iDeCo
年間投資枠	120万円	40万円	14万円8000円〜81万6000円（健康保険の加入先によって変動）
非課税運用期間	5年	20年	75歳まで（加入は65歳未満まで）
節税効果	運用益非課税		・運用益非課税 ・掛金が全額所得控除 ・給付時に一定額非課税
投資対象商品	株式・投資信託・ETF・REIT	投資信託・ETF（金融庁が厳選した商品のみ）	投資信託・定期預金・保険など

※1　2022年3月時点。2024年1月から一般NISA、つみたてNISAは新NISAへ一本化される（テクニック016参照）

非課税制度を使わない場合の対応はテクニック197以降を参照

ETF・REIT　▶日経平均株価などの株価指数の動きへの連動を目指した投資信託のうち、上場しているものがETF。不動産投資のうち少額から投資できる制度がREIT

「特定口座」か「NISA口座」を選択する

三井智映子

特定口座を選択することで書類作成の手間を省略できる

株式投資をするには口座を開設する必要があり、主に「特定口座」「一般口座」「NISA口座」に分けられる。特定口座は、証券会社が1年間の取引をすべてまとめて年間取引報告書を作成してくれるもの。対して一般口座は、特定口座やNISA口座で管理していない上場株式などを管理する口座であり、取引報告書を自分で作成する必要がある。

一般的な株式投資をするなら特定口座がよい。「源泉徴収あり」を選べば確定申告は不要。「源泉徴収なし」なら税金を払っていないので、自分で確定申告する必要がある。

特定口座、一般口座、どちらも利益に対して20.315%課税されるが、NISA口座であれば非課税になるため、NISA口座は年間取引報告書も発行されない。証券会社ごとに開設できるが、NISA口座は全体を通して1口座しかつくれない。

株式投資における口座の種類

	確定申告[2]	年間取引報告書	特徴
一般口座	必要	自分で計算して作成	特定口座に対応していない単元未満株などの売買を行う場合に開設する
特定口座（源泉徴収あり）	選択不要	証券会社が作成を代行	自動的に税金が引かれる。利益が20万円以上でも確定申告の手続きを省略できる
特定口座（源泉徴収なし）	必要	証券会社が作成を代行	利益が年間20万円であれば非課税のため確定申告は不要、かつ税金が引かれない
NISA口座	不要	不要	運用益や配当への税金が非課税になる。テクニック014と016参照

※2　利益が年間20万円以上の場合

一般口座、特定口座の税金についてはテクニック200～204も参照

取引報告書　▶　1月1日から12月31日までにおける国内株式、投資信託、公社債などの利益を計算した報告書。確定申告を行う際に必要となる

2024年からの新NISAのメリット これまでのNISAとの違い

三井智映子

2023年中に現行の制度を始めればさらにお得に

2024年1月から、現行のNISA制度が終了し、新NISA制度が開始される。新NISAは現行のNISAとつみたてNISAを合わせたような制度になっており、「つみたて投資枠」と「成長投資枠」の2つに分けて投資できる。

年間の投資可能額は、つみたてNISAに該当する「つみたて投資枠」で年120万円、一般NISAに該当する「成長投資枠」で年240万円。両者は併用が可能で、合計で年間360万円まで投資できる。ただし、年間の上限額とは別に、生涯のうち非課税で保有できる金額は1800万円までという上限も新設された。

さらに、新NISAでは、制度が恒久化したため、2024年以降いつでも非課税の投資を無期限でできる。

また、現行NISAでは非課税期間が設けられていたが、新NISAでは無期限で非課税となっている。

加えて、これまでは1年間で決められた非課税枠を使い切らないと翌年には無効になったが、新NISAでは非課税投資枠の商品を売却した分の投資枠が翌年に復活することも大きなメリットだといえよう。

2023年のうちにNISAを始めると有利になる

現行のNISAで保有している資産は、2024年以降の新NISAの成長投資枠とは別枠となる。

例えば、2023年に一般NISAを始めて2024年から新NISAを始めると、非課税投資枠として使える金額は全体で1920万円（一般NISAの年間非課税枠120万円＋新NISAの生涯非課税投資枠1800万円）になる※1。

このように、2023年からNISAを開始することで、実質、非課税投資金額を増やせるため有利だ。ただし、一般NISAは非課税期間が5年間と短く、つみたてNISAは非課税期間が20年と長くなっている。つみたてながら資産構築もでき、運用方法が多様となった新NISAだが、損益通算（テクニック199参照）、3年間の繰越控除が使えない（テクニック203参照）というデメリットもあるので押さえておこう。

※1　2023年1月からつみたてNISAを1年間行った場合は、非課税投資枠として使える金額が1840万円となる（つみたてNISAの年間非課税枠40万円＋生涯非課税投資枠1800万円）。

新NISAの特徴

つみたて投資枠と成長投資枠は併用可能

	つみたて投資枠	成長投資枠
年間投資枠	120万円	240万円
非課税保有限度額	1800万円	
非課税保有期間	無期限化	
口座開設期間	恒久化	
投資対象商品	投資信託・ETF(金融庁が厳選した商品のみ)	株式・投資信託[2]

※2　①整理・監理銘柄、②信託期間20年未満、高レバレッジ型及び毎月分配型の投資信託を除外

出所:金融庁ホームページをもとに編集部作成

● 2023年から一般NISAを始めた場合の非課税投資枠の金額

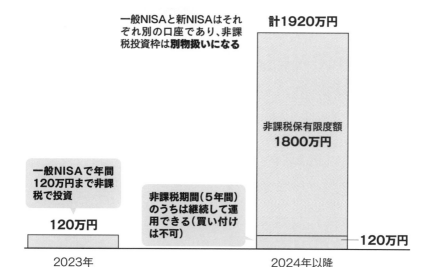

一般NISAと新NISAはそれぞれ別の口座であり、非課税投資枠は**別物扱いになる**

計1920万円

非課税保有限度額
1800万円

一般NISAで年間120万円まで非課税で投資

非課税期間(5年間)のうちは継続して運用できる(買い付けは不可)

120万円

120万円

2023年　　　　　　2024年以降

➡ ## 2023年中に現行のNISAを始めることで非課税投資枠として使える金額が増加する

※本書では、2023年末までの現行のNISAをそれぞれ一般NISA、つみたてNISAと呼称し、2024年からのものは新NISAと呼称しています

NISAでは成長株の銘柄を保有する

基本 lecture 017

増収増益・高ROE銘柄がおすすめ！

これは、NISAにおいて、非課税となるメリットを有効に利用するテクニックだ。

株の運用益や配当にかかる税金が非課税になるNISAでは、増収増益で、ROE（テクニック180参照）が高い成長株の銘柄のように、長期で大幅な値上がりが期待できる銘柄を保有しよう。

こうした銘柄を選択しておくことで、株価が大きく値上がりした場合に、非課税のメリットの恩恵を最大限受けることができる。

非課税の運用枠を複数の銘柄に分割して成長銘柄を購入しておき、そのうち数銘柄が目論見通り上がれば、効率的に運用することができる。

銀行のNISAは投資信託しか扱っていない

応用 technique 018

投資信託以外も狙うなら証券会社で口座を開設する

NISA口座は、証券会社だけでなく銀行でも開設することができる。ただし、銀行におけるNISA口座の取扱商品は投資信託のみで、個別株、REIT、ETFを扱っていない。

個別株に投資したい場合、10月1日〜12月初旬までに証券会社で口座を開設し、移行手続きを行うと、翌年の年始から移行できる。

証券会社のNISA口座を開設

auカブコム証券のNISAサービス概要。個人株を取り扱うには証券会社のNISA口座しか対応していない。

基本 lecture 019 証券会社を選ぶときの3つの条件

伊藤亮太

手数料・商品種類と相談のしやすさの3つ

どの証券会社で口座を開くべきか。大きなポイントは3つある。

ひとつ目は、手数料だ。株式の売買手数料、投資信託の販売手数料などに注目しよう。特に、株式の売買手数料は、ネット証券会社が圧倒的に安い。こうした手数料部分を比較し、安い証券会社を選択するとよいだろう。

2つ目は、取り扱う金融商品の種類だ。証券会社によっては、日本株中心という場合もあれば、総合的に多様な金融商品を取り扱う場合もある。種類が豊富なほうがよいのか、日本株専業で行くのかにより、証券会社の選別は異なるだろう。

3つ目は、相談のしやすさ。対面の証券会社は担当者によるフォローが受けれる。もちろん、ネット証券でもそうしたフォローが受けれるケースもある。こうした点から証券会社を選ぶとよいだろう。

各証券会社が取り扱う主な商品・サービス

	SBI証券	楽天証券	松井証券
日本株	○	○	○
外国株	○ ネット証券でも最多の9カ国の株式を扱う	○ アメリカ、中国、アセアン4カ国などを扱う	△ 米国株のみを扱う
投資信託	○	○	○
相談窓口	電話・チャット	電話・チャット	電話・チャット
特徴	取り扱い銘柄が多く、IPO銘柄も豊富に取り扱っている	楽天ポイントを貯めるだけでなく投資に使うこともできる	人気サービス「一日信用取引」など独自のサービスを展開

※2023年3月時点

ネット証券大手なので投資を始めるにはよい

デイトレードを始めるならおすすめ

金融機関が破綻しても証券の権利は守られる

1人あたり最大で1000万円まで補償される

金融機関は、投資家と金融機関の資産を「分別管理」することが義務づけられている。分別管理が行われていることによって、金融機関が破綻しても、原則投資家の資産に影響はなく、破綻した金融機関から、自分の金銭や有価証券を返還してもらうことが可能。

万が一、分別管理の義務に違反したことによって投資家の資産が円滑に返還されない場合、日本投資者保護基金が、投資家1人あたり1000万円を上限に、返還を受けられなくなった金銭と有価証券の価値（時価）を補償する。補償の対象には、株式の取引や投資信託の取引（いずれも海外で発行されたものを含む）に加え、株式の信用取引に係る保証金（委託保証金または委託保証金代用有価証券）が含まれる※。

貸株制度によって株を貸してお金をもらう

塩漬け株を「貸して」有効活用させよう！

このテクニックは、塩漬け株を保有している投資家にメリットがある。貸株制度とは、顧客が証券会社に対して株式を貸し付け、信用取引に使う制度のこと。

例えば、楽天証券でクオンタムソリューションズ（2338）を貸し出すと、15.25%の貸付金利を受け取れる（2023年3月現在）。

ただし、通常、貸出した株式の所有権は貸出し先に移転する。そのため、権利確定日に株式を保有していた場合にもらえる「配当金」が受け取れなかったり、権利確定日を越えて貸株をすると株主優待権利を失う可能性がある。ただし、権利確定日に一時的に貸株を戻す設定ができる証券会社もある。株主優待権利の詳細はテクニック022を参照。

※ただし、信用取引の未決済建玉に係る評価益や貸株は、分別管理および投資者保護基金の補償の対象外

応用 technique 022

貸株でも配当や優待を取得できる

伊藤亮太

事前に設定するだけで受け取れるようになる

株式をただ保有するだけであれば、値上がり益、そして配当や優待を取得するだけだが、貸株を利用すれば金利収入も得ることが可能となる。

ただし、貸株の場合、株主優待を受け取ることができない場合がある。では、どうすれば貸株でも優待を受け取れるのだろうか？

例えば、楽天証券では貸株を行うときに「株主優待優先」や「株主優待・予想有配優先」の設定を行うことができる。こうした項目を有効にしておくことで、優待を受け取ることが可能となる。

普段は貸株で金利収入を得つつ、権利確定日には優待や配当を受け取れるように手配すると、優待＆金利生活を享受できるようになり、日々の生活の楽しみが増えることになるかもしれない。

楽天証券における3つの貸株の設定

金利優先
株主優待を受け取ることはできないが、金利が通常の5倍になる

株主優待優先
株主優待の権利確定日（テクニック037参照）になると、自動的に株式が返却され、株主優待の権利を取得できる

株主優待・予想有配優先
株主優待や配当金の権利確定日になると、自動的に株式が返却され、株主優待や配当金の権利を取得できる

欲しい優待や高配当の場合は選択！

※貸株の場合、所有者が移転している状態になるため、優待の発行会社の条件によっては継続保有・長期保有優待（テクニック049参照）を受け取れない可能性が高い

分別管理 ▶ 金融機関は、投資家の金銭や株式などの有価証券を金融機関自身の資産とは区分して管理しなければならない。これを「分別管理」という

余剰資金で
余裕を持って投資する

■ 冷静な判断で進めるために
■ 投資額をコントロールする

　安全に投資を行うための資産管理のテクニック。

　上昇相場が続くと、下落時の反動が大きくなりやすい。自分の資金を把握したうえで、余剰資金でチャンスを掴むことが重要だ。

　例えば、1000万円の資金を保有している人が50%の資金を使って株を購入し、500万円を失った場合、失った500万円を取り戻し、さらに利益を得るには500万円以上、つまり101%以上の利益を出す必要がある。

　このとき、1000万円の資金が余剰資金なのか、全財産なのかが大きなポイントとなる。もし生活費から捻出したものであれば、冷静な判断では投資できないだろう。余剰資金を明確に把握したうえで余裕を持って相場に臨もう。

安定したマインドで
売買する方法

■ 過去のチャートを見て
■ 株価変動を予測

　株は生き残れば生き残るだけ有利で、経験すればするほど勝ちやすくなるものである。そのため、目先の損失や利益に振り回されたり、資産のボラティリティを求めすぎたりすると、それだけ退場リスクが大きくなってしまう。

　株は末永くマイペースで楽しむという意識で、売買に取り組むことが、資産増加の近道だ。マイペースに売買を行うには、相場や株式に対して安定したマインドを持つ必要がある。銘柄ごとの売り判断の基準として、株価が最も下落したときや、下降トレンドから上昇トレンドに転換したときの傾向を把握しよう。投資銘柄の過去チャートだけでなく、同業他社や取引企業の過去チャートも確認し、同じような株価推移がないか確認するのもおすすめだ。

基本 lecture **025**

リスクリワードで
資産管理を行う

三井智映子

勝率が低くても
利益を上げるための考え方

　リスクリワードとは、投資家がリスクを取ることによって得られるリターンと比較して、その投資に伴うリスクの程度を示すもの。仮に勝率が低くても、リスクリワードの比率（リスクリワードレシオ）がよく、利益が損失を上回る取引を続けていれば収益を積み上げられる。

　リスクリワードレシオは、平均利益÷平均損失で算出する。自身の過去の投資結果を記録し、実績をリスクリワード比率と勝率で数値化して分析、改善することで効率的な資産管理が可能となる。

　リスクリワードレシオを高めるためには損小利大を心がけよう。また、エントリー前にリスクリワード比率をチェックして、低いトレードの場合は取引を見送ったり、損切りのラインを早い段階で設定するよう検討することが利益にも資金管理にもつながる。

リスクリワード比率の考え方

取引回数	1回目	2回目	3回目	4回目	5回目
損益	＋30万円	－14万円	＋16万円	＋20万円	－8万円

平均利益＝（30万円＋16万円＋20万円）÷3回＝22万円
平均損失＝（14万円＋8万円）÷2回＝11万円

平均利益 **22万円**	：	平均損失 **11万円**	＝	リスクリワード比率 **2：1**

リスクリワード比率が高まる取引を目指す

強気相場のときほど下落相場に備える

資産の大半がなくなる事態を防ぐ

株高の相場では、2020年のコロナショックのような急落が起きてもいいように備えておく必要がある。

具体的な対策としては、①現金保有率を高める②銘柄を絞るの２つがある。

強気の相場が続くと信用取引（テクニック028参照）なども活用してポジションを増やしたくなるが、どこかで大きな下落が起こった際に資産の大半を失ってしまうようでは意味がない。

そのため、すでに十分利益が出ている保有銘柄などは利益確定しておき、現金保有率を高めたうえで、成長性や割安などの視点から本当によい銘柄だけに絞ってポジションを取っていく。それが、下落相場を乗り切る鉄則だ。

相場が不安定なときは下げたときに買うルールも考える

ルールを徹底してどんな相場でも生き残る

株価が大きく伸びる上昇相場でも、株価が上下する不安定な相場でも、多少の値動きの荒さにも付き合うことが大切だ。

上昇相場では、利益が出るようなプラスの側面だけをみて投資をしたい気持ちにもなる。しかし、継続的な上昇相場では、その分急落時のリスクも伴うため、利益よりも損失に目を向けよう。例えば、「〇〇円までの下げは許容できるからそれを下回ったら損切りしよう」というように、どこまで負けを許容できるのかに着目することが大切だ。

相場が不安定なときは、上げで買うより下げで買ったほうがよい。「とにかく下げの日にしか買わない。上げの日には利確するか様子を見る」といったルールを徹底して不安定な相場を生き残ろう。

現物取引　▶ 自己資金の現金で株式を購入し、保有している株式を売却する、通常の株式投資のこと。信用取引などと区別して使われる

基本 lecture 028
信用取引を使うと 売りから入ることができる

リスク大

下落相場でも 儲けることができる

信用取引とは、現金や株式を証券会社に預け、それらを担保に証券会社から現金や株式を借りて売買する方法だ（信用取引口座をつくる必要あり）。

これを活用すると、売りから入ることができ、株価の下落によって利益を得ることができる。例えば、証券会社から株を借りて先に売り、価格が下がったところで返済（決済）することでその差額を利益として受け取ることができるのだ。現物取引（通常の株取引）では行えない、信用取引だからこそ使える、下落相場でも利益を狙えるテクニックである。買いから入る場合でも、信用取引を活用することで資金効率を上げることができる。

ただし、テクニック029と併せて確認してもらいたいが、現物取引よりも損失を出す可能性もあるため初心者は慎重に活用したい。

売りから入って買い戻しを行い利益を得る

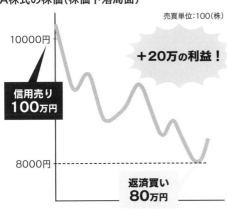

A株式の株価（株価下落局面）

売買単位:100（株）

10000円

+20万の利益！

信用売り 100万円

8000円

返済買い 80万円

メリット
- 下落相場でも利益を狙える
- レバレッジ（3.3倍）をかけることで資金効率を上げられる
- 現物取引と違い同じ銘柄を何度も売買できるため資金効率がよくなる

デメリット
- レバレッジをかけて損失を出した場合、通常より損失が膨らむ（追証。テクニック029参照）
- 返済期限があり、賃貸料や逆日歩などがかかる

信用取引は2種類ある※
制度信用取引……取引所が指定した銘柄が対象。返済期限は半年以内。賃貸料・逆日歩が発生
一般信用取引……証券会社ごとに指定された銘柄。返済期限は原則無制限。賃貸料・逆日歩はなし

※上記2種類のなかで売りができる銘柄を貸借銘柄という

逆日歩　▶ 制度信用取引のみにある。市場で信用に使われる株が足りないと発生する買い方に売り方が支払う費用。品貸料ともいう

信用取引で資金を3.3倍に
レバレッジ効果を狙う

資金効率は上がるが
損失リスクも上昇する

　これは、信用取引で儲けるための基本的なテクニック。信用取引とは、投資家が証券会社に対して一定の保証金（有価証券での代用可）を担保として差し入れ、株式の買付に必要な資金を証券会社から借りて行う株式取引のこと。

　委託する保証金は、取引金額の一部のみで済むため、少ない手元資金でその約3.3倍の取引を行うことが可能だ（レバレッジ効果）。ただし、大きなリターンを期待できる反面、値下がりした場合の損失も大きくなるので注意が必要。

　また、相場の変動によって、建玉（未決済の状態）の評価損の拡大により、保証金維持率が基準を下回った場合などでは、投資家は所定の追加保証金（追証）を差し入れなければならないなどのルールがある。信用取引を始める前には、必ずそのルールを確認しておこう。

手元資金以上の取引が可能になるレバレッジ効果

現金取引
自己資金の範囲内
×1 レバレッジなし
30万円 → 30万円
資金　取引可能額

信用取引
自己資金の最大3.3倍の取引が可能に！
×3.3 レバレッジ効果
99万円
30万円
資金　取引可能額

追加保証金　▶ 信用取引において、含み損を出したときに追加で支払う担保となるお金のこと。追証（おいしょう）とも呼ばれる

信用二階建てを利用する

応用
technique
030

⚠ リスク大

価格変動リスクがさらに高まるため要注意

通常の信用取引よりも、よりレバレッジを効かせて投資をしたい人にメリットがあるテクニック。

信用二階建て取引とは、同じ銘柄を現物と信用取引で買うことだ。保有している現物株を信用取引の担保にして、さらに同じ銘柄を信用取引で買い建てることで、レバレッジが高まるという効果がある。

一方、レバレッジが高くなった分、株価が下がった際に、信用建玉の評価損が増えるだけでなく、担保として利用している現物株の評価も下がるため、追証が発生しやすくなる可能性があるので注意が必要だ。

なお、下図では信用二階建ての解説のために担保に出す現物の評価を100%として計算しているが、実際は前日の終値を基準に算出された値（掛目）が担保価値となる。

有価証券の種類によって割合は変動するため、確認しておこう。

信用二階建てのイメージ

1

200万円 → **2万株**

200万円の資金で1株100円の株を現物で2万株買い

2

現物の2万株を担保に信用で6万株を買い、計8万株を保有

6万株	信用
2万株	現物

※時価評価が100%の場合

メリット

● 信用取引のレバレッジ上限を超える資産運用ができ効率が高まる

上の例ではレバレッジは便宜上4倍で説明している（本来は3.3倍）。10円上昇すれば80万円の利益になる（現物であれば20万円）

デメリット

● 損失額も大きくなる。10円下落で−80万円（現物であれば−20万円）
● 少しの下落で追証になる可能性が高まる

リスクの高いテクニック！

米国株の取引では時差を考慮する

米国株は夜中に売買することになる

米国株の取引を行う上で注意しなければならない点が、時差だ。一般的に、どの証券取引所も朝から夕方にかけて取引が行われているが、時差を考慮すると、米国株の場合は日本では夜中の取引に相当する。

例えば、NY証券取引所やナスダックの場合、現地時間9時30分〜16時で取引がなされており、昼休み休憩はない。日本時間でいえば、基本的には22時30分〜翌日5時の取引だ※。日本の証券会社を利用して取引する場合にも、注文次第で夜中に取引する必要がある。

また、米国株では日本のような単元株制度がなく、どの株式も1株から購入可能。ただし、為替変動や売買手数料を考慮する必要があるため、こうしたコスト面も気にしながら投資を行おう。

米国株は値幅制限がなく損益の幅が広い

値幅制限がないため大きな損失に注意

日本株の場合、ストップ高、ストップ安といった値幅制限が設けられており、投資家に冷静になる時間が与えられている。

米国株の場合には、こうした値幅制限は設けられていない。天井なし、底なしであることから、利益や損失が無制限に拡大する可能性があるとも捉えることができるが、1日で大きく利益が出る可能性がある一方、損失も大きく膨らむ可能性がある点には注意が必要だ。ただし、日本株と同様にサーキットブレーカーという取引中止措置は存在する。

なお、国内証券会社によっては、米国株に関して指値の発注制限がある場合も。これにより、値段を指定できる幅が限定される可能性があるため、「発注できなかった」ということがないよう注意したい。

※サマータイムが適用される場合の時間帯。サマータイム以外の期間では、日本時間の23時30分〜翌日6時までが取引時間

配当と優待

配当と優待は保有しているだけで収入を得られる、中長期投資の味方。
高配当銘柄の探し方やおすすめの優待銘柄、
権利落日前後の値動きを利用した戦略など、
基本的な情報を押さえたうえで
家族の協力による家族名義口座の活用やクロス取引を活用しよう。

基本 lecture 033
配当生活は配当利回りだけでなく業績とのバランスを見る

伊藤亮太

配当利回りに潜むリスクを回避する

不動産の家賃収入のように、不労所得だけでの生活を目指すことが流行っている。株式でそれを実現するには、値上がりはもちろんのこと、まとまった配当金も得る必要があるのだが、そのためには業績を見ることも重要だ。

配当を安定的に狙いたい場合、業績が横ばいもしくは好調であるにもかかわらず配当利回りが高い銘柄を購入していこう。

配当生活を目指す場合は、配当利回りがトップでなくても、配当利回りに業績が追い付いている企業を選ぶとよい。

配当利回りの高さに業績が追い付いていない企業を選ぶと、業績不調で、配当利回りが下がるというリスクが高まるからだ。配当利回りだけに執着せず、業績にも着目するとよいだろう。

業績が好調な銘柄を選ぶ

[商船三井（9104）　日足　2021年5月〜2022年2月]

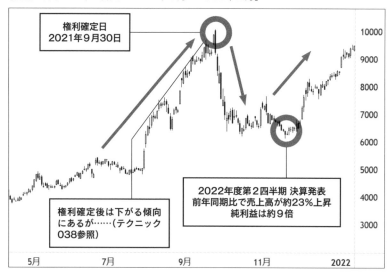

権利確定日
2021年9月30日

10000
9000
8000
7000
6000
5000
4000
3000

権利確定後は下がる傾向にあるが……（テクニック038参照）

2022年度第2四半期 決算発表
前年同期比で売上高が約23%上昇
純利益は約9倍

5月　7月　9月　11月　2022年

配当利回り　▶ 株価に対して年間の配当金がいくらあるのかを示す数値。1株あたりの年間配当金額÷株価×100で算出される

配当利回りの高い企業の調べ方

極端に利回りが高い銘柄には要注意!

インカムゲインを重視する投資の場合、株を保有して得られる配当金が主な収入源となる。したがって配当金が多いに越したことはないが、すでに配当利回りが極端に高い状態にある銘柄は将来的に値下がりリスクを抱えていることが多い。

スクリーニングする際には配当利回りが3〜4%で業績が安定傾向にある銘柄を探して買うのがよい。また、優待を出していて、換金性の高い金券などであればさらにお得度は高くなる。

Yahoo!ファイナンスでは銘柄ごとに1株あたりの配当が掲載されており、1株あたりの配当÷現在株価×100で配当利回りが計算できる。また、同サイトでは配当利回りの高い企業順にランキング形式でも掲載しているので、先に配当の数値からあたりをつけ、業績を分析してから投資する方法も可能。

証券サービスで手軽に確認

板気配 用語 VIP		
売気配	株価	買気配
—	—	—

▶ 板気配はYahoo!ファイナンスVIP倶楽部で

その日の株価と連動して定期的に更新されている

日経225が取引できる

くりっく株365なら夜間も祝日

口座開設キャンペーン
最大 **50,000円** キャッシュバック

岡三オンライン　詳しくはコチラ

くりっく株365なら
岡三オンライン　詳しくはこちら

参考指標		
時価総額 用語	1,068,769百万円 (15:00)	
発行済株式数 用語	120,628,611株 (02/03)	
配当利回り (会社予想) 用語	11.85% (15:00)	
1株配当 (会社予想) 用語	1,050.00 (2022/03)	
PER (会社予想) 用語	(連) 1.69倍 (15:00)	
PBR (実績) 用語	(連) 1.00倍 (15:00)	
EPS (会社予想) 用語	(連) 5,256.75 (2022/03)	
BPS (実績) 用語	(連) 8,819.33 (2021/03)	
最低購入代金 用語	886,000 (15:00)	
単元株数 用語	100株	
年初来高値 用語	10,060 (21/09/27)	
年初来安値 用語	2,710 (21/01/28)	

出所:Yahoo!ファイナンス

権利確定日　▶ 配当や優待を受け取る株主が決まる日。この日に株主名簿に記載されている株主に対して配当や優待が渡される。テクニック037参照

基本 lecture 035

10年連続で増配している 企業を探す

伊藤亮太

毎年のように 増配を行う企業もある

　コロナ禍にも負けず、増配を続ける企業がある。しかも、毎年のように増配を行う企業もある。こうした企業は、業績がよいか一時的に業績が悪化しても配当を出せるように利益を積み重ねてきた点が共通する。増配は株主にとって大きなメリットだ。

　企業としても株主に報いるほか、しっかりと利益を出している点のア

ピールにつながる。特に注目したいのは、10年以上連続増配を行っている企業だ。

　今後も増配を行う可能性は高く、それに伴い注目をあび、株価も上昇する可能性は十分期待できる。2023年3月時点において、花王（4452）は33年連続増配、SPK（7466）は24年など、意外にも20年以上増配の企業もあるくらいだ。お宝銘柄を探してみるとよいだろう。

連続増配でも株価が下降

[花王（4452）　月足　2012年〜2023年]

株価は下落しているが、配当は増加しているタイミングがチャンスになる

配当で株価が大幅に
上昇する銘柄を見つける

■ 初配当・復配は市場に
　好感されることが多い

　株式会社が獲得した利益を、株主に還元することがある。

　株主還元の強化は、市場に好感される傾向にあるため、初配当の発表や増配の発表は株価が上昇しやすい傾向がある。

　反対に、業績が悪化した企業は配当の原資が捻出できなくなるため、配当が停止（無配）になってしまうことがある。これは市場にとって悪材料となるため、株価の下落要因になる。

　ただし、いったん配当を停止していた企業であっても、その後の業績が好転し、利益が出せるようになれば、配当を復活させることがある（復配）。

　復配は市場にとって好材料になるため、株価の押し上げ要因となる。

増配は好感されやすい

[小林製薬(4967)　日足　2021年12月〜2022年3月]

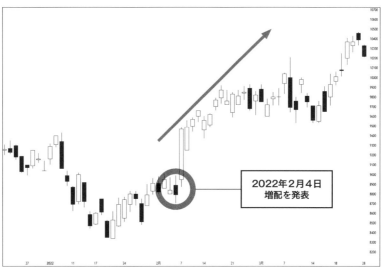

2022年2月4日
増配を発表

配当や優待を受け取るには「権利付き最終日」に注目

三井智映子

優待を受け取るための期限は決まっている

配当金や株主優待を取得するためには、各企業が定める日までに、株主として株主名簿に掲載されていることが条件となる。この日を「権利確定日」と呼ぶ。しかし、権利確定日に株式を買っても条件は満たされない。実際に株式名簿に名前が乗るまでには日数がかかるからだ。

そこで注目するのが「権利付き最終日」だ。これは、株主優待を受け取るために必要な株主資格を持っている最後の日のことであり、銘柄によって異なる。

優待を得るためには、まず欲しい優待の権利確定日を調べる。権利確定日の2日前（権利確定日を含む3営業日前）が権利付き最終日となるため、それまでに優待取得に必要な株数の株式を購入し、翌日まで保有する。これで優待を得ることができる。また、配当にも権利確定日、権利付き最終日が存在する。

権利付き最終日までに株式を買って優待を受け取る

日	月	火	水	木	金	土
19	20	21	22	23	24	25
26	27	28	29	30	31	

権利付き最終日
この日までに株式を買い、翌日まで保有することで、権利確定日に株主名簿に掲載される

権利落ち日
権利付き最終日の翌日

権利確定日
この時点で株主名簿に掲載される人が優待（または配当）を受け取れる

基本
lecture
038

「権利落ち日」になると株価が下落しやすい

三井智映子

人気優待・配当株には値動きに特徴がある

権利落ち日とは、配当や株主優待といった株主の権利を受け取れる権利付き最終日の翌日を指す。

高配当株や人気の株主優待株は、権利付き最終日に向けて投資家の買いが集中することで株価が上昇しやすくなる。

一方、配当や優待目当ての売買が多いため、売り圧力が増加し、権利落ち日には株価が下落しやすくなる

わけだ。この際、理論上では配当相当分下落すると考えられている。

実際に、高配当株で有名な日本たばこ産業（2914）のチャートを見ると権利落ち日に下落しやすいことがわかるだろう。

市場の状況や企業の業績などにより株価が下落しない場合もあるが、権利付き最終日間近は配当相当分のプレミアムが株価に乗っていると考えて冷静に売買するべきだ。

配当の権利落ち日に株価が下落した例

［日本たばこ産業（2914）　日足　2022年10月〜2023年2月］

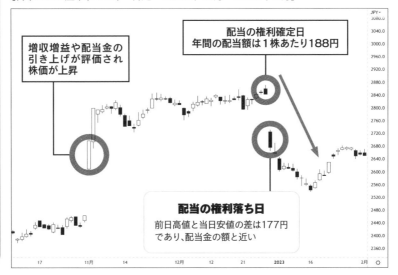

増収増益や配当金の引き上げが評価され株価が上昇

配当の権利確定日
年間の配当額は1株あたり188円

配当の権利落ち日
前日高値と当日安値の差は177円であり、配当金の額と近い

配当性向の高さから安定して配当を出す銘柄を探す

三井智映子

投資家に対して多く還元する企業がわかる

配当性向とは、当期純利益に占める年間の配当金の割合を示すもので、配当金支払総額÷当期純利益×100で求めることができる。

配当性向が高いということは、投資家に配当を通じて利益を還元している企業ということ。

インカムゲイン（配当益）を狙うのであれば高い配当性向の企業であることも大切だが、ほかにも注視すべきポイントがある。

まず、配当の利回りと過去の配当実績を調べて、配当金額が安定しているか、成長傾向にあるかを見極めることが重要。そして、過去の業績推移や財務状況、（長期投資をする際は）景気にかかわらず安定したビジネスをしているのかなどを確認しておきたい。

毎年配当を増やしている増配銘柄は、企業の経営状況も安定成長であることが多いといえよう。

配当性向の計算式と配当性向が高い銘柄の例

| 配当金支払総額 | ÷ | 当期純利益 | × 100 = | 配当性向(%) |

当期純利益のうち、何割を配当金に使っているかを示す

銘柄名	配当性向
大塚商会（4768）	59.2%
GMOリサーチ（3695）	50.0%
JACリクルート（2124）	65.2%
ベース（4481）	50.4%
日本たばこ産業（2914）	75.4%

● 日本株の場合、配当性向は30〜40％が多い
● 配当性向が50％を超える企業は、**投資家へのリターンが大きいため要注目**
● 配当が多い（または増加している）企業は、**経営状態も安定的**なことが多い

※2023年3月時点で公開された直近の業績・配当金をもとに作成

優待利回りと実際に使うかを考慮して買う

伊藤亮太

利用しやすい優待を探す

優待を受け取ることで生活の足しにしたい。この場合にまず注目すべきは、優待利回りである。優待利回りとは、株式の投資金額に対する優待の価値が何%なのかを示したものであり、一般的に高ければ高いほど魅力的といえる。

ただし、いくら優待利回りが高くても利用しないものであれば意味がない。そのため、優待利回りランキング上位から、自分が利用しやすいものを選んでいこう。

例えば、DD HD（3073）では、100株保有すると6000円分の株主優待券をグループ内の飲食代金に利用することができる。

2023年3月時点では株価が705円のため、優待利回りは8.51%。一般的に3〜4%を超える銘柄は利回りが高いといえる。

優待利回りの計算

[DDHD（3073） 日足 2022年8月〜2023年3月]

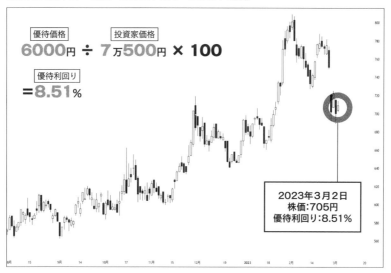

優待価格 6000円 ÷ 投資家価格 7万500円 × 100

優待利回り ＝8.51%

2023年3月2日
株価：705円
優待利回り：8.51%

基本 lecture 041

欲しい優待内容から銘柄を選ぶ方法

auカブコム証券と松井証券は優待内容で調べられる

auカブコム証券のスマートフォンアプリ「PICK UP！株主優待」では、企業名からではなく欲しい優待内容からキーワードで検索できる機能を搭載している。

例えば、2023年3月現在、検索機能を使って「金券」を選択して検索すると、金券で4月に権利確定を控えるベルグアース（1383）などの優待銘柄が表示される。

そのほか、松井証券のウェブサイトでは、キーワード検索のほか、優待内容・最低投資金額・権利確定月・配当利回りなどを個別で設定して検索することが可能。細かい条件に絞ってスクリーニングができる。

auカブコム証券と松井証券、どちらも口座を開設していればそのまま取引に移ることもできる。「優待銘柄を買いたいけどどれを買えばいいか悩む……」という人には特におすすめだ。

優待内容から銘柄を検索

auカブコム証券のスマートフォンアプリ「PICK UP！株主優待」の紹介サイト（https://kabu.com/app/pickup_yutai/default.html）。

いくつかの条件に合わせてスクリーニングができる松井証券のウェブサイト（https://finance.matsui.co.jp/complimentary/index）。

基本
lecture
042

使わない優待は
現金化する

事前に換金額を
チェックしておこう

　優待券には期限があったり、使わない優待商品をもらったりして大変なこともある。

　そんなときは、「アクセスチケット」などの金券ショップや「ヤフオク！」や「メルカリ」といったオークションに優待券や優待商品を出品してみるとよいだろう。買取価格を事前に知りたい場合は「空飛ぶ株優.com」のように金券ショップの買い取り価格を比較できるサイトもあるので活用しよう。

　また、オークションに出品する際は「aucfan※」のように平均落札価格を見ることができるウェブサイトもある。

　ただし、有効期限が近いものは買い取り価格が下がることがある。使わない優待券は早めに現金化するとよいだろう。

※ https://aucfan.com/

優待の価格情報を事前に入手する

ホーム

全日本空輸（ANA）

日本航空（JAL）

スターフライヤー
　（SFJ）

ソラシドエア（SNA）

エア・ドゥ（ADO）

空飛ぶ株優.com
soratobu-kabuyu.com

このサイトについて

空飛ぶ株優.com
株主優待券 高価買取価格 比較サイト

📋 当サイトについて

当サイトは、東京（新橋、銀座、上野、お茶の水、新宿、他）、大阪、名古屋、札幌の複数のチケットショップ（金券ショップ）における、ANAやJALなどの株主優待券買取価格をインターネットを介して調査し、その結果をランキング形式の比較表で紹介しています。

また、買取価格の過去の変動の様子もチャートグラフで紹介していますので、株主優待券の売りどきを検討される株主の皆さんに活用していただけると幸いです。

対象としている航空会社は、全日空（ANA）、日本航空（JAL）、ソラシドエア、スターフライヤー、エアドゥの5社です。最新の比較ランキングはそれぞれのページでご確認ください。

株主優待券の使い方はどの航空会社も同じ形式です。スクラッチを削って表示される番号を飛行機の予約

空飛ぶ株優.com(https://soratobu-kabuyu.com/)のウェブページ。航空会社の株主優待を買い取りする金券ショップを表示している。

基本
lecture
043

優待の新設や変更は「適時開示情報」でチェック

「適時開示情報」で検索時間を短縮

優待の新設や取得条件の変更などは各企業のウェブサイトで確認できるが、一つひとつ確認していくのは手間がかかる。

そんなときは「TDnet 適時開示情報閲覧サービス」を使ってみよう。「適時開示情報検索」で「優待」と検索をかければ、事前登録なしで、日本取引所グループ（JPX）に所属する企業の最新情報が表示さ

れる。特に「優待内容の変更」「優待制度の導入」のお知らせが有力な情報となる。ただし、検索できる情報は過去1カ月までだ。

また、同様の内容は日経電子版でも閲覧が可能だ。こちらは気になる銘柄をまとめてリストにすることもできるが、日経電子版のアカウントの作成が必要となる。

速報性・信頼性ではTDnetに劣るが、「net-ir」でも優待の新設・変更情報を調べることができる。

優待情報のスクリーニング方法

1 キーワードを入れる

TDnet(https://www.release.tdnet.info/index.html)のウェブページに飛んだら右上の「キーワード検索」に「優待」と入れる。

2 一覧を表示

優待に関する情報を出した銘柄が表示される。

3 書類を確認

「表題」をクリックすれば企業が提出した書類を閲覧できる。

知っておきたい！

表示期間に注意

適時開示情報サービスでは、当日から過去1カ月までの情報しか閲覧できない。気になる銘柄がある場合や遡って優待情報を確認したい場合は企業のウェブサイトで直接確認しよう

スクリーニング　　▶ 条件にあった銘柄を選出する作業

福利厚生系が利用できる優待銘柄を狙う

7万円前後の投資で
サービスを利用できる

　福利厚生の優待をもらえる銘柄がある。例えば、毎日コムネット(8908)は100株以上で会員制生活総合サポートサービス「ベネフィット・ステーション」の1年間の会員加入が受けられる。

　1年間会員特別割引価格で、ベネフィット・ワンが運営するサービスを利用できる。サービスは観光・スポーツ・娯楽・健康などさまざまなシーンで活用できるのがうれしい。100株の投資金額も2023年4月現在で7〜8万円前後なのでお手ごろ。

　ほかにも、リログループ(8876)、ベネフィット・ワン(2412)、バリューHR(6078)、リソル(5261)などでも同様の福利厚生サービスが利用できる。会社で福利厚生を受けていない人にはおすすめ。また、リソルの優待は金券としても使える。

毎日コムネットのページ

①「IR情報」をクリック

②「株主優待制度」をクリック

③優待内容が確認できる

応用
technique
045

優待権利を安く
手に入れられる時期

■ 優待の権利確定日直前は
■ 取引を避けるのは鉄則

　株主優待をもらうためには、（継続保有期間が定められていなければ）1年中株式を保有する必要はなく、権利確定日に保有していれば優待をもらう権利が保障される。優待の権利確定日直前は優待目的の買いが殺到しやすく高値圏になりやすいため、前もってチャートをチェックすることで、安値で購入できる。

　権利確定日は銘柄によって異な

り、コロワイド（7616）の場合、1年のうち3月と9月が権利月となる。通常、権利確定日は月末となるため、権利付き最終日までに保有しておく必要がある（テクニック037参照）。目安としては1カ月ほど余裕を見て買うとよいだろう。

　また、2020年のコロナ禍や2023年の金融不安による急落も狙い目だ。欲しい優待株を普段からチェックしておき、暴落時に下がったものを買うのもよいだろう。

高値掴みを避けて暴落時に買う

[コロワイド（7616）　日足　2022年1月～2023年6月]

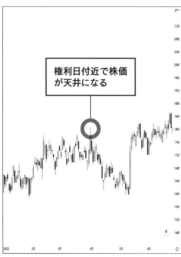

権利日付近で株価
が天井になる

[日経平均株価　日足　2022年1月～2023年3月]

3月、5月、6月、10月、1月に急落

応用
technique
046

家族名義の口座で
優待の恩恵を倍加する

家族名義の口座をつくって適用単元を購入

　家族名義の口座をつくり、それぞれ優待適用単元を持てば優待のメリットを倍化できる。多くの優待は、最低単元が最も還元率が高い。したがって4人家族の場合は4名分の口座をつくり、個別で最低単元を買えば投資効率が高くなる。

　さらに高配当の株、もしくは優待自体の株はNISA口座に入れるとよい（テクニック014参照）。なお、

これは贈与の範囲であればよいがが、家族名義の口座でも個人名義の口座に多額の入金をすると贈与税がかかる。

　また、証券口座は家族名義の口座であっても、当人以外の人間が運用することは禁止されており、違反すると証券取引法違反となってしまうので、当人の意思で運用することが前提になる。

証券口座を増やすメリット

1人で400株買った場合

商品券
5000円
＋
商品券
2000円

**最低単元を超えると
優待のうまみが減る**

4人で100株ずつ買った場合

商品券
5000円
×**4**

**最低単元が×4されるため
効率が上がる**

複数単元を所有しても
投資効率の高い銘柄を探す

保有株数の増加に伴って
1株あたりの価値が上昇

　株主優待は、基本的に最低単元が最も優待内容が優遇され、保有株数と反比例して投資効率が下がっていく傾向がある。

　しかし、保有株数に対する投資効率が下がらない優待も一部ではあるが存在する。例えばLeTech(3497)は、2000株が最も効率がよく、最低単元の優待内容と比べ、10万円相当のポイントとなり、必要資金は10倍でも25倍のポイントがもらえる。

　また、DDHD(3073)や日本マクドナルドHD(2702)は、保有株数に比例した金額の優待を取得できるため、これらもお得な銘柄といえる。

　気になる銘柄が、保有株数の増加によって投資効率が上がっているか確認してみよう。

LeTech(3497)の例

プレミアム優待倶楽部ポイント

必要株数	優待内容
200株以上	4000ポイント
300株以上	8000ポイント
400株以上	10000ポイント
500株以上	15000ポイント
600株以上	20000ポイント
700株以上	30000ポイント
800株以上	40000ポイント
900株以上	50000ポイント
1000株以上	60000ポイント
2000株以上	100000ポイント

出所:LeTechホームページ

ポイントについて

● 株主優待ポイントを共通株主優待コイン「WILLsCoin」と交換できる
● WILLsCoinは5000種類以上の優待商品から交換できる
● 商品交換時にクレジットカード利用額の2%分をWILLsCoinで還元
● ポイントは1年のみ繰り越すことができ、有効期限は最後の交換から12カ月間

権利確定月ごとに
優待銘柄を調べる方法

auカブコム証券の
ウェブサイトを活用する

優待を調べる際に使える、基本ともいえる方法。

auカブコム証券のウェブサイトでは、「〇月株主優待情報」というページがある。

ここでは、月別に当月の優待の権利が確定する銘柄順にリストアップされ、該当の銘柄を確認できるようになっている。

「特定の月に優待の到着を固めたくない」「〇〇月に優待商品を受け取りたい」という希望に応じて優待銘柄を選択できる。

また、銘柄名をクリックすれば、優待内容の詳細やチャート、企業の個別情報が閲覧できるのもよい。

加えて、口座を開設していればそのまま売買に移行できるなど、使いやすい。

長期保有で追加優待を
もらえる銘柄がある

投資家が株式を長期保有
するための施策

投資家の長期保有は企業側に恩恵があるため、こうした投資家を優遇するために長期保有で優待金額が増える企業は多い。例えば、長瀬産業（8012）は100株保有で1500円相当の優待だが、長期保有することで3000円相当の優待にグレードが上がっていく。

また、タカラトミー（7867）は

優待品と別に100株以上の保有で上限10万円以内の自社製品の購入が割引になる制度を実施しており、保有1年未満で10%、3年未満で30%、3年以上で最大40%まで割引額が増加していく。

また、長期優遇を実施することで優待のお得度が上昇することになる。つまり、変更から時間が経過していない銘柄であれば、内容が認知されることで株価上昇も見込める。

格安モバイルが 年間2100円割引できる銘柄

基本
lecture
050

5つのコースから
任意の優待を選択できる

TOKAI HD（3167）の優待制度では、「グループ会社飲料水宅配サービス関連商品」「クオカード」「グループ会社レストラン食事券」「TLCポイント（グループ会社会員サービスポイント）」、そして「LIMBOの割引コース」のうちいずれかを選択できる。

「LIMBO」とはTOKAIの格安モバイルのこと。半期で100株以上保有していると月額利用料350円分を6カ月間割引できるため、最大2100円割引可能だ。

新規で利用する人も、すでに利用している人も対象になる。

また、これらいずれかのコースのほか、グループ会社の結婚式場共通婚礼10％割引券およびお食事20％割引券がもらえる。

近鉄の優待は大阪〜名古屋間を 2往復できる

基本
lecture
051

近鉄の優待は区間
片道×4枚

近鉄GHD（9041）では、1000株以上保有することで区間片道×4枚を受け取れる（特急に乗る場合は別に特急券の購入が必要）。また、100株以上で、沿線観光などの優待券（あべのハルカス展望台、生駒山上遊園地、志摩マリンランド、志摩マリンレジャー、志摩スペイン村など）が冊子としてもらえる。

お得に鉄道旅行ができる！

近鉄グループHD参加の近畿日本鉄道のウェブサイト。中京〜近畿圏の私鉄を運営している。

クーポンと併用できる優待銘柄がある

■ ぐるなびやホットペッパーを使ってさらに割引

ワタミ（7522）は、100株以上の保有で4000円の優待券がもらえる。ぐるなびやホットペッパーグルメなどのサービスクーポンやキャンペーンと併用可能だ。「ミライザカ」や「三代目鳥メロ」、「TGIフライデーズ」などの系列店に足を運べるならお得な優待銘柄だ。

優待券
100株保有で 年間 **4000** 円分の **食事券** （500円分8枚、1日1枚使用できる）

＋

ぐるなびなどのクーポン（例）
3時間飲み放題 牛タンしゃぶしゃぶコース **500** 円割引

すかいらーく（3197）や吉野家（9861）の優待もクーポンと併用可能

生活に役立つ優待銘柄13選

三井智映子

■ 生活を支える優待銘柄

節約や生活のプラスになる優待に注目。これらを活用し生活の一助にしよう。

銘柄	優待内容
ヤマダHD（9831）	グループ店舗で使える優待買物割引券
エディオン（2730）	
リベルタ（4935）	
ハニーズHD（2792）	
ビジョナリーHD（9263）	

銘柄	優待内容
イオン（8267）	支払額からキャッシュバックを受けられるカード
三越伊勢丹（3099）	
オリックス（8591）	ギフトや自社製品
ヒューリック（3003）	
松風（7979）	
コタ（4923）	
ファーストブラザーズ（3454）	
フジオフードグループ（2752）	

基本 lecture 054 外食に活用できる 優待銘柄10選

三井智映子

投資をしながら 外食費を節約

投資先の企業を詳しく知ることで外食費の節約にもつながり人気がある。よく使う店舗なのか優待の使い勝手がよいのか、利用期限に加えて利回りや業績もチェックしたい。

銘柄	料理・店舗の種類
吉野家HD(9861)	牛丼、うどんなど多数
ダスキン(4665)	ドーナツなど

銘柄	料理・店舗の種類
SFP HD(3198)	居酒屋
すかいらーくHD(3197)	ファミリーレストランなど多数
日本マクドナルドHD(2702)	ハンバーガー
くら寿司(2695)	回転寿司
ゼンショーHD(7550)	回転寿司など多数
クリエイトレストランツHD(3387)	居酒屋など多数
WDI(3068)	洋食など多数
トリドールHD(3397)	うどんなど多数

基本 lecture 055 クオカードの 優待銘柄10選

三井智映子

気になる複数の銘柄を 長期分散する手もあり

クオカードは基本的に使用期限がない。それだけに配当と優待をあわせた利回りが魅力になるので、長期の分散投資に活用することができる(テクニック057参照)。

銘柄	業種・事業内容
タマホーム(1419)	不動産
Casa(7196)	不動産

銘柄	業種・事業内容
INPEX(1605)	エネルギー
日本取引所グループ(8697)	証券取引
近鉄エクスプレス(9375)	鉄道
グローセル(9995)	半導体
クリエイト(3024)	管工機材
進学会ホールディングス(9760)	学習塾
高見沢サイバネティックス(6424)	券売機など
アドヴァングループ(7463)	住宅用建材

レジャーに活用できる優待銘柄9選

三井智映子

休日のおでかけで大活躍する優待

ANAホールディングス（9202）や日本航空（9201）といった航空会社は、優待割引運賃が利用できる券・案内書がもらえる。

オリエンタルランド（4661）の優待は東京ディズニーランド、または東京ディズニーシーの1デーパスポートだ。サンリオ（8136）は、サンリオピューロランド、ハーモニーランド優待券など。常磐興産（9675）は、スパリゾートハワイアンズ無料入場券など。JBR（2453）はキッザニアの入場20%割引券がもらえる。東京都競馬（9672）は大井競馬場の株主優待証や、東京サマーランドの株主招待券など。鉄人化計画（2404）はグループ店舗（カラオケ、美容、直久らーめんなど）で使える優待利用割引券。

タメニー（6181）は婚活や結婚式で使える無料券や割引券が株主優待となっている。

レジャーで使える優待の例

日本航空（9201）

- ●株主割引券
➡1人分の国内線料金が **50%割引** になる 200株以上で1枚

- ●旅行商品割引券
➡ツアー代が正規料金から **最大7%割引** される

など

東京都競馬（9672）

- ●東京サマーランド 株主ご招待券
➡1枚につき1人 **無料で入場** できる

- ●大井競馬場 株主優待証
- ●大井競馬場 株主優待席証
➡大井競馬の開催日に入場できる

など

クオカード系の銘柄は総合的な利回りが高い

利便性の高い優待品は高レートで換金可能

配当のようにインカムゲインとして優待を捉えるならば覚えておきたいテクニック。

数ある優待品のなかでも、クオカードは定番中の定番である。大きなメリットは、金券ショップでの換金率が90%以上と、高く買い取ってくれる点だ。

また、クオカードを優待としている企業は配当も高い場合も多い。優待銘柄を選択する際は、優待と配当を合わせた総合的な利回りに注目するとよいだろう。

類似の優待品として図書カードやグルメカードなどがあるが、使用用途が限定されるため、クオカードに比べると換金率が低い。ただし、各企業の系列店で使える食事券などと違い、これらの優待品には使用期限がないというメリットもある。

クオカードを優待として出す銘柄の利回り

	最低購入金額（円）	100株でもらえるクオカード	優待利回り（%）	配当利回り（%）
原田工業（6904）	7万9488円	3000～4000円相当	3.77	0.6
クワザワHD（8104）	4万6150円	1000円相当	2.17	2.2
グローセル（9995）	4万750円	1000～3000円相当	2.45	2.9
北弘電社（1734）	14万5106円	3000円相当	2.07	−
ムゲンエステート（3299）	5万7988円	1000円～3000円相当	1.72	4.1

※2023年4月10日現在

総合的な利回りに注目！

優待券の返送で
別商品に変更できる

使える優待に
変更する

地域限定で展開する飲食チェーン店の会計時に利用できる優待の場合、近所にそのお店がないなどの理由から、優待を利用できない人もいるだろう。

そのようなとき、連絡をすれば優待内容を変更してくれる企業も多い。例えば、コロワイド（7616）はグループ店で利用できる1万円相当の優待ポイントをもらえるが、企業に連絡すれば、優待ポイントで各種ギフト商品を購入できる。

また、送られてきた優待券を別商品に変更する場合、企業によっては優待券の返送費用を負担してくれることもある。

株主優待限定の
非売品をもらう

多く持っているほど
多く受け取れる場合も

タカラトミー（7867）は、持ち株に応じて株主優待限定で特別仕様のトミカやリカちゃん人形などがもらえる。2023年の場合、保有株式数が100株以上1000株未満であればオリジナルトミカ2台セット。1000株以上2000株未満であれば、オリジナルトミカ4台セット。保有株式数が2000株以上であれば、そこにオリジナルのリカちゃん人形がついてくる。

ほかにも、キャラクターのクオカードがもらえる東映アニメーション（4816）や、所属アーティストのオリジナルグッズやイベント招待があるアミューズ（4301）など、ファンなら嬉しい優待もある。また、4℃ HD（8008）やコマツ（6301）も非売品の配布で有名だ。

クロス取引を使い
リスクを抑えて優待を得る

三井智映子

売りと買いの注文を
同時に出してリスクを抑える

株主優待をお得に得るための投資方法のひとつに、「クロス取引」がある。クロス取引とは、同じ証券会社の口座内で、現物買い注文と信用売り注文をセットにして成行で発注すること。権利付き最終日にクロス取引をすると、買った現物と信用売りしたものとで損益が相殺される。買い注文で優待を得ることができて、売り注文では権利落ち日で想定される下落に対してリスクヘッジができる。具体的な手順と注意点は以下の通りだ。

・逆日歩が発生しないように、一般信用取引を利用する
・注文が約定したかを確認する
・決済は権利付き最終日の15時30分以降に行う（証券会社によって15時15分以降でも可）
・損益は相殺されるが、現物株式の購入や信用取引の売建の手数料などはかかる

クロス取引の例

```
┌──────┐     ┌──────┐     ┌──────┐
│ 前日 │ ──→ │権利付き│ ──→ │ 翌日 │
│      │     │最終日 │     │      │
└──────┘     └──────┘     └──────┘
                  │
                注文が
              約定したかを
                確認
```

注文を出す
●売り注文、買い注文を同数量出す
●注文数が変動しない寄付前に行う

決済する
●権利付き最終日の15時30分以降※に、現物取引の買いにより信用取引の売り建玉を現渡で決済する

値下りのリスクを抑えて
優待を受けられる

※SBI証券では15時30分以降に決済することで、権利付き最終日に株式を保有していたことになり、優待を受け取る権利が得られる（一部の証券会社では15時15分以降からの決済で対応してくれる）

現渡 ▶ 信用取引の決済方法のひとつで、信用取引で売った建玉を買い戻さず、保有している現物株を返却することで決済を行うこと。クロス取引の決済時に活用される

IPO・
銘柄選択

話題のIPO銘柄やテーマ株といった定番の銘柄選択術をはじめ、
応用ワザとして信用残高確認や
PTSを使った銘柄の探し方、
ETFやREITをつかったリスクヘッジまでを網羅。

IPO銘柄は 3カ月～半年後が狙い目

伊藤亮太

企業価値を冷静に 判断してから投資

すべての銘柄に当てはまるわけではないが、近年のIPO銘柄の傾向として、初値やセカンダリーなどで高い値が付くと、そこが株価の天井となり、以降は滑り落ちるパターンが多い。一見話題がつきて旨味がないようにも思えるが、こうした銘柄のうち3カ月～半年後に底打ちが確認できればチャンスとなる。

IPO直後が天井となり、3カ月～半年程度売られている銘柄でスクリーニングし、そのなかで明らかに業績が好調なのに売られている場合は、どこかで株価が底打ちとなり、一気に上昇するものも少なくない。IPO直後は過剰な期待感から、実態のない業績を織り込んで買われる場合も多いので、そうした投資家が売った後、企業価値が冷静に判断されるタイミングで狙うのも、IPO銘柄を投資する際の選択肢のひとつだ。

IPO後は、まず相場状況を見る

[坪田ラボ（4890）　日足　2022年6月～2023年2月]

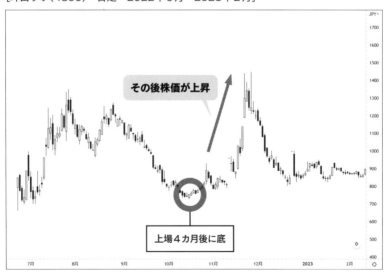

その後株価が上昇

上場4カ月後に底

基本 lecture 062 割高でも買われやすい ブルーオーシャン戦略

リスク大

新しい未開拓の市場を 広げる企業を選択する

近年、IPO銘柄などは割高であっても買われる傾向がある。そうした銘柄が買われるのは「目新しさ」があるからだ。

加えて、業界に競争相手がいない銘柄は予想以上に株価が高くなる傾向がある。

一方で、今まで上場してきた既存銘柄や20年以上経っても業績が安定していない銘柄はだんだんと投資家が注目しなくなっている。

つまり、株価のオーバーシュート（行き過ぎた変動）が見込める、いわゆる「ブルーオーシャン戦略」をビジネスモデルとしている銘柄を選ぶことが利益を掴むうえで重要になる。

応用 technique 063 IPOなら大手証券会社から 応募するのがよい

主幹事証券だと 割り当て株数が多い

このテクニックは、IPO初心者でも簡単に使うことができる。

企業が新規上場する際にさまざまなサポートを行う証券会社を幹事証券会社というが、なかでも主幹事証券会社は、IPO株の割り当て株式数が多くなる。

主幹事になることが多い野村証券、大和証券、SMBC日興証券といった大手の証券会社から申し込むと、IPO株の当選確率が高くなる。

また、主幹事証券会社では、担当者と顔見知りになれば預入金額次第で優先的に回してくれることもあるので、積極的に申し込んでみよう。

ブルーオーシャン戦略 ▶ 競争相手がいない未開拓の市場で新しい価値を創造し、利益を大きくしていく経営戦略のこと

公募抽選に当選しやすくなる証券会社

ポイントをためてIPOに当選！

これは、IPO抽選で当選したいと考えている投資家に耳寄りな情報だ。証券会社によっては、IPOの抽選で当選しやすくなるよう、会社独自のポイントサービスや企画を実施している。

例えば、SBI証券では、IPOの抽選に外れた回数に応じて、IPOチャレンジポイントが加算され、次回のIPO申込み時に、このポイントを使用することでIPOが当選しやすくなるポイントプログラムサービスを実施。また、大和証券でも、当選しなかった人を対象に、大和証券の預資産や、過去の取引実績等に基づいたポイントの残高に応じてIPOの当選確率が変動する「チャンス抽選」というしくみがある。

なかなかIPO抽選に当たらないという投資家は、これらのサービスやキャンペーンを利用してみてはいかがだろうか。

SBI証券のチャレンジポイントの例

1 申し込みする

SBI証券

IPOチャレンジポイントが1ポイント減る

2 抽選終了後にポイント加算

当選

チャレンジポイントが－1ポイントのまま引かれる

落選

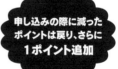

申し込みの際に減ったポイントは戻り、さらに**1ポイント追加**

3 落選しても次の抽選が当たりやすくなるシステム

ポイントを使用して抽選に申し込めば、ポイントが多い人順に当選する。
100ポイントあれば可能性は高くなる

MBOをした銘柄は株価が上がりやすい

伊藤亮太

買収されることで株価が上昇する

　MBOとは、経営陣などによるM&Aの一手法である。経営体制の見直し、非公開によるコスト削減、短期利益を追求する株主からの脱却などさまざまな理由で行われる。

　このMBOを行う場合、一般的に株価にプレミアムを付けた価格で買収されることが多い。例えば、2022年10月14日に、プレナス（9945）はMBOを実施すると発表。

同社の資産管理会社である塩井興産は、発表時の終値株価1904円に対して33.66％のプレミアムを付けた1株2640円で買い付けを行った。プレミアムが付く要因として、非公開後の収益見通しや資産状況などが考えられるものの、買い付け価格が安いと株主の同意を得られないこともあっただろう。MBOの対象となりやすいのは、親会社や経営陣の株式保有比率が高く、業績の立て直しが必要な場合が多い。

MBOされた企業の例

［プレナス（9945）　週足　2022年4月〜2023年2月］

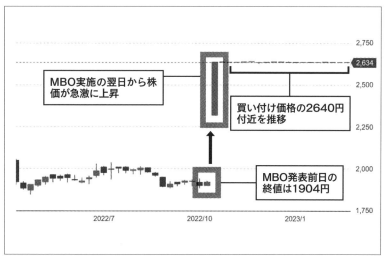

MBO実施の翌日から株価が急激に上昇

買い付け価格の2640円付近を推移

MBO発表前日の終値は1904円

出所：Yahoo！ファイナンス

基本 lecture 066

日経平均株価の組み入れで株価が変動する

ファンドに組み入れられ
株価上昇に期待できる

　日経平均株価（日経225銘柄）とは、東証プライムに上場している企業のうち、特に活発に売買される（流動性の高い）225の銘柄の株価を指数化したものだ。

　この225の銘柄に組み入れられるということは、企業の信用度の証明として見られる部分があり、株価上昇要因になる。

　また、日経平均株価と連動する

ファンドなどは、新たに日経平均株価に組み入れられた銘柄を買うことになるため、買い需要が生まれ、短期的には株価が上昇しやすい。

　こうした理由から、日経平均株価に新たに組み入れられた銘柄は狙い目となる。

　反対に、225銘柄から外れる銘柄は売り需要が生まれるため株価が下落しやすい。

組み入れで価格が動いた例

[HOYA（7741）　日足　2022年7月〜10月]

2022年9月
組み入れ発表

基本 lecture 067
政府系ファンドが大株主の銘柄に注目する

伊藤亮太

海外の政府系ファンドが資金を入れている

国内の個別銘柄であっても、海外の政府系ファンドが資金を入れている銘柄は多い。例えば、ミライト・ワン（1417）、日本アクア（1429）などの地方銀行銘柄にノルウェー政府が大株主として名を連ねている。

地方銀行再編の動きがあるなかで、中長期的な価格上昇を見越した金融緩和下での業績悪化に伴って配当利回りが上昇したことで、投資候補になったと思われる。上記の銘柄は最低投資金額も安く、かつ配当利回りも5％程度期待できるため、個人投資家レベルでも利回り重視の長期投資に向いている。

政府系ファンドが大株主になることで株価が上がる・下がるわけではないが、彼らの銘柄選定基準に見合った銘柄は、個人投資家レベルでもファンダメンタルズ的に一定の水準をクリアしていると判断できる。

大株主の投資状況を見る

保有株の金額順 / 保有株の保有割合順　　現在の保有金額 1.2兆円　現在の保有企業数 102件

保有株の推移 - 金額順 ページ1　【 計 336 件 】

企業名	2017年	2018年	2019年	2020年	2021年
キーエンス GOVERNMENTOFNORWAY（常任代理人シティバンク、エヌ・エイ東京支店）				3,369千株 1.38% 2609億円 77,470円	
ソニーグループ GOVERNMENTOFNORWAY*3（常任代理人シティバンク）					19,284千株 1.56% 2419億円 12,545円

Ullet(https://www.ullet.com/)のノルウェー政府のページで、投資銘柄の一覧を確認できる。

政府系ファンドが大株主の銘柄を発見　→　その銘柄の業績や配当利回りを確認　→　堅調であれば買いを検討する

応用 technique 068

VCの資金が入った銘柄は暴落に注意

大株主欄のVCの有無をチェックしよう

上場後間もない銘柄を売買する際に覚えておきたいテクニック。

IPOなどで上場する企業のいくつかはVC（ベンチャーキャピタル）から資金を募っており、そのうち上場を目的とするVCの場合は上場後に株式を大量に売却することが多いため、株価に大きく影響する可能性が高い。

VCが出資する際は大量に株式を取得するため、四季報などの「大株主」欄に掲載されていることも多いので、事前にチェックしておこう。

上場を目的とするVCが大株主の場合は業績が良好でもすぐには飛びつかずVCの売却を待って底で買うのもひとつの手。

応用 technique 069

MSCBを発行した銘柄は株価が下がりやすい

株価下落の発端になり得るので要チェック

MSCB（moving strike convertible bond）とは、転換社債型新株予約権付社債（CB）のうち、転換価格修正条項がついているものをいう。一般のCBは、1株あたりの転換価額は決められており一定だが、MSCBは、転換価額が市場価格に応じて一定期間ごとに修正される。M&Aを行いたいが、資金力の乏しい企業にとっては、有力な資金調達方法のひとつだ。しかし、転換価額が修正されるうえに、増資額によってCB以上に新しく発行される株数が増え、1株あたりの利益が希薄化することを懸念されて株価が下がることがある。

実際、古くは2005年にはライブドアを筆頭にMSCBが乱発され、株価の下落を引き起こした事例がある。

ベンチャーキャピタル ▶ 高い成長率を見込む未上場企業に投資するファンド。同時に経営コンサルティングを行う場合もある

外資系証券会社が
空売りしている銘柄に乗る

リスク大

空売り銘柄には特徴的な値動きも

空売りでエントリーする場合は、証券会社（主に外資系）の動向を確認しておこう。

そもそも、日本の株式市場は外国人投資家と呼ばれる外資系の証券会社が多く、彼らが投じる資金によって株価も影響を受けやすい。売買代金が比較的少ない新興市場の銘柄は、さらに影響が大きくなる。

銘柄の探し方としては、「高値を付けてから急落しているもの」「同じ価格帯で何度も反落しているもの」に注目してみるとよいだろう。ゲームやバイオ株のように思惑で急騰しやすい銘柄も見ておきたい。

銘柄名と空売りで検索すれば、どの証券会社がどれくらい空売りしているか把握できる。

空売り状況の調べ方

インターネット検索で「○○（企業名）空売り」と入力すると情報が得られる

karauri.netのウェブサイト（https://karauri.net/）。

JPXのウェブサイトで「マーケット情報」→「公衆縦覧書類」をクリックすると「空売りの残高に関する情報」を見ることができる

JPXのウェブサイト（https://www.jpx.co.jp/markets/public/short-selling/index.html）。

転換社債型
新株予約権付社債 ▶ 社債のまま保有したり、株式に転換してキャピタルゲインを狙うことができる社債。CBとも呼ばれる

基本 lecture 071
医療介護の人材を担う
人材紹介会社に注目

伊藤亮太

■ ニーズの高まりから
銘柄の成長に期待

2025年問題のひとつに、医療介護人材がある。高齢化が進むことで、医療介護人材のニーズはさらに高まっていくことは容易に想像でき、日本では数少ない将来性ある業界といっても過言ではない。

例えば、エス・エム・エス（2175）は、医療介護人材をメインとした人材派遣や人材紹介会社であり、業界最大手の上場企業である。今後も期待できる日本企業のひとつとして検討してみるとよいだろう。

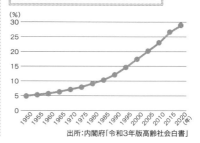

日本の高齢者（65歳以上）の比率

出所：内閣府「令和3年版高齢社会白書」

基本 lecture 072
「地方銘柄」から
掘り出し銘柄を探す

伊藤亮太

■ まだ注目を集めていない
銘柄は地方に眠っている

株の値動きは、基本的に美人投票である。いくら業績がよい企業や、自己資本がたくさんある企業でも、投資家がその価値に気づかれなければ株価は動かない。そのような視点から銘柄を見つけるのであれば、狙い目は「地方銘柄」にある。

例えば、バスのチケット回収機器などを製造している小田原機器（7314）などは、コロナショック以降に注目され、数日で20％近く株価が上昇した。

地方銘柄でも東京などの都市で注目されると一気に価格が伸びるケースは今後増えていくことが予想される。「地方銘柄・現金を持っている・業績がよい」という条件で調べておくと、掘り出し銘柄を見つけられるチャンスが増えるだろう。

2025年問題　▶ 第一次ベビーブーム期（1947年〜1949年）に生まれた団塊の世代が75歳を迎え、さらなる超高齢化社会へと突入することで起こりうる問題のこと

少子化でも伸びる会社に注目する

伊藤亮太

子育てに関連する企業へのニーズは根強い

すでに日本で1年間に生まれてくる子どもの数は100万人を割り込み、将来的に見て人口減少は避けられない状況だが、そのなかでも伸びる会社はあると予想する。

特に、子ども向け用品を独自に開発している企業は注目だ。

孫のためにならお金を出したい祖父母は多く、子どもの数は減れども

その分手厚く援助が行われる可能性は大いにある。

子ども1人に対して両親と両親の祖父母がサポートし、金銭的には「6つのポケット」の状況になるからだ。子育て支援最大手のJPHD（2749）をはじめ、保育園を運営する企業なども期待できるが、なかでもシェアを高めていく企業が勝ち組となるだろう。

Googleトレンドで注目ワードを探す

検索エンジン最大手のデータを活用する

暴落時などは特定のテーマなどに資金が集中するため、世間や市場の注目がどのようなテーマに集まっているのかをいかに早く察知できるのかがカギになる。その選定に役立つのが「Googleトレンド※」だ。

このサイトでは、Googleの検索エンジンを通して世界中でどのようなトピックが注目を集めているのか

を知ることができ、さらに個別のキーワードを入力すると、過去一定の期間で検索されたボリュームなどもグラフで確認できる。

特にグラフの数値が上昇中のテーマに関しては、実際の取引でも順張りしたほうが利益につながることが多い。

※Googleトレンド（https://trends.google.co.jp/trends/?geo=JP）

各市場の売買代金ランキングを確認する

■一度大きく売買代金が伸びた銘柄を追う

スタンダードやグロース市場で構成される旧マザーズ・ジャスダック市場の銘柄は、一度でも大きく売買代金が伸びると、その後の株価が上がりやすい。

売買代金が伸びた銘柄は参入する投資家が増えるため、値動きは荒くなる可能性がある。

しかし、これは短期的に見ると、株価上昇への期待がある状態だといえる。例えば、FRONTEO（2158）が2022年10月に旧マザーズ市場での売買代金ランキング１位になり、その後11月末にかけて株価は約２倍まで成長した。

各市場の売買代金の高い銘柄を選定して、監視リストに入れておくのがひとつの手だ。それらの銘柄が値を下げすぎたタイミングで、相場に乗るとよいだろう。

売買代金の上昇で株価が伸びる

[FRONTEO（2158）　日足　2022年８月～2023年２月]

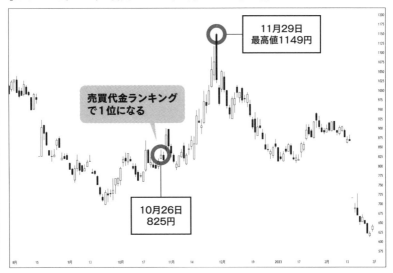

11月29日
最高値1149円

売買代金ランキング
で１位になる

10月26日
825円

GAFA　▶ アメリカの世界的IT企業４社「Google」「Amazon」「Facebook（現在のMeta）」「Apple」のこと

メタバース関連のアメリカの中小型株も把握する

伊藤亮太

メタバース銘柄はGAFAだけではない

最近何かと話題を集めるメタバース銘柄。メタバースとは、インターネット上につくられた仮想空間を示し、仮想空間上で離れた場所にいる人ともコミュニケーションができるサービスに注目が集まっている。

米国株でいえば、メタ・プラットフォームズ（META）やアップル（AAPL）、マイクロソフト（MSFT）、アマゾン・ドット・コム（AMZN）などのいわゆるGAFAもメタバースに含まれてしまっているが、中小型株も複数存在する。不動産企業に「VR内見」の技術を提供するマターポート（MTTR）や、触覚フィードバック機能の開発を行うイマージョン（IMMR）がその例だ。GAFAに絞ることなく、中小企業銘柄にも視野を広げ、事業計画や決算状況などを確認しよう。

電気自動車関連銘柄の成長に期待

伊藤亮太

EV市場における日本企業の躍進に注目

すでに注目を集めているテーマではあるが、車体製造やリチウム電池などの関連企業も含む電気自動車の分野は要注目だ。

特に、日本の代表的な自動車製造企業であるトヨタや日産は、今後成長していく可能性が高いだろう。例えば、トヨタはリチウム電池関連の特許出願数において国内トップを誇り、また日産は国内EV市場において「NOTE」がトップシェアとなっている。数年後、国内自動車製造トップの企業が市場のシェアを握るのか、それとも別の企業が台頭してくるのかは不明だが、リチウム電池関連に強い日本企業は世界的なシェア拡大も含めて期待できるだろう。

触覚フィードバック機能 ▶ 外部からの操作や音などを感知して人の肌に力や振動を与える機能。メタバースに応用することで物体に直接触れた感覚を与えられるため、実装に向けて注目を集めている

アメリカの銘柄から注目すべき
日本のテーマ株を把握する

アメリカ株が上がると
日本の関連テーマ株も上がる

アメリカのある個別銘柄が注目され、株価が上昇すると、その銘柄に関連する日本のテーマ株も上昇することがある。

近年、SNSメディアの成長などとともにメタバース銘柄にも期待が集まっている。

例えば、フェイスブックやインスタグラムを手掛けるメタ・プラットフォームズ（META）は、アメリカの大手情報サービス企業だが、同社の株価が上がると、同様に日本のメタバースに関するテーマ株が上昇し、逆に下がると、日本のメタバース株は下降する。日本株のグリー（3632）とメタのチャートを比較すると、12月頭にメタが上昇すると12下旬にグリーが上昇している。

このように、日本株はアメリカ株の影響を受けているため、テーマ株を把握する際は同じテーマの有望なアメリカ株にも目を向けよう。

メタバース株のチャートを比較する

[上段：メタ・プラットフォームズ（META）　日足　2022年10月～2023年3月
　下段：グリー（3632）　日足　2022年10月～2023年3月]

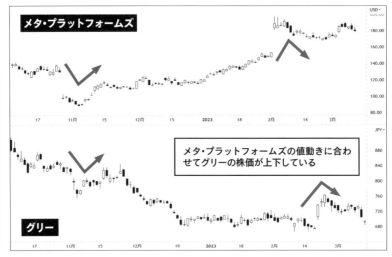

基本 lecture 079 原油高でメリットのある 会社を狙う

伊藤亮太

■ 直接的に収益が 向上するのは石油元売り

2020年に起きたコロナ禍や2022年に起きたロシアによるウクライナ侵攻の影響で、近年原油価格が大きく上昇。ピーク時（2022年3月）には1バレル＝130ドルに到達し、2008年7月以来の水準となった。こうしたタイミングで考えたいのが「原油高でメリットのある会社」だ。

原油価格上昇により、直接的な収益向上につながると考えられるのが、石油元売りである。

また、原油だけにとどまらず資源の権益を持つ商社も期待できる。原油高によるインフレに伴い、資源価格上昇も想定されるからだ。

このほか、純粋にETFを買うことも候補に挙がる。例えば、WTI原油価格連動型上場投信（1671）といったETFである。こうした銘柄に投資し、原油高に対処する方法を検討してみるとよいだろう。

原油価格の推移

[USOIL　週足　2020年1月〜2023年1月]

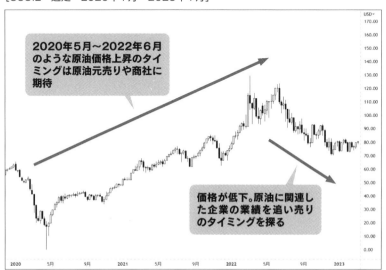

2020年5月〜2022年6月のような原油価格上昇のタイミングは原油元売りや商社に期待

価格が低下。原油に関連した企業の業績を追い売りのタイミングを探る

基本 lecture 080 デフレ突入なら100円ショップ銘柄に注目

伊藤亮太

■ デフレでは「安いもの」が注目されやすい

2022年はアメリカにおける急速なインフレが話題となったが、インフレやデフレによって企業の業績が変動し、株価が動くことがある。

例えば、デフレに突入した場合、消費者は消費を減らしていこうと考え、より安いものに大きな価値を見出すようになる。

そうした心理のなかで投資対象として人気化しやすいのが「100円ショップ」だ。

業界トップのダイソーは、バブル後のデフレ期間に大きく売上を伸ばしていて、業界全体も「デフレの勝ち組」とまでいわれている。当然、業績も考慮する必要があるが、今後の経済の雲行きが怪しくなるようならぜひチェックしておきたい。

基本 lecture 081 インフレ対策として押さえたい4つの投資先

伊藤亮太

■ 金利が上がっても影響を受けづらい企業を探す

コロナショック、ウクライナ侵攻など多くの影響によって世界中でインフレが進行している。そこで考えた投資ポイントは4つだ。①価格転嫁できる企業、②証券会社、③資源、④好財務企業から探すこと。

①インフレ分の価格転嫁ができる企業はその分売上も増加し、業績向上につながるためだ。

また、インフレは金利上昇へつながりやすい。②金融業界は金利がひとつの収入源のため、金利上昇で収益拡大の可能性がある。③インフレの裏で原油高が起きているような場合、原油を扱う資源企業の業績が上昇する（テクニック079参照）。④負債が多い企業は金利上昇によって返済時のコストが増加するが、無借金企業はその負担増を受けづらく、業績悪化を避けやすい。

信用取引残高　▶ 信用買いで入って決済されずに残っている状態を買い残という。逆に信用売りで入って る状態を売り残という

応用
technique
082

一度盛り上がった銘柄は半年待つ

信用買いは期限が切れる半年後まで待つ

出来高（テクニック121参照）を伴って急騰した銘柄は、多くの信用買いが入っている可能性が高い。過熱感が収まって下落したときに、高値で買って売れずに塩漬けにしている人も多いほど、戻り売りの圧力が強くなる。そのため、再度上昇したときに買う場合や、リバウンド狙いで買う場合、どれくらいの信用買い残があるかの確認が大切。

制度信用取引は、必ず6カ月以内に反対売買を行って決済しなければならないと決められている。そのため、戻り売りを警戒する場合は、半年を待ってから買うほうがよいだろう。チャートを振り返ると過去に出来高を伴って株価が上昇した時期が把握できる。

また、週に一度、各取引所が公表する「銘柄別信用取引残高」や、日本証券金融の「日証金貸借取引残高」※で信用取引残高がわかる。

信用残高の調べ方

信用残高は証券会社や日経電子版などで調べることができる。画像は日経電子版（https://www.nikkei.com/nkd/company/history/trust/?scode=7203&ba=1）のトヨタ自動車の信用残高ページ。

※日本証券金融株式会社貸借取引情報ホームページ（https://www.taisyaku.jp/）参照

製品不具合・不祥事は絶好の押し目になる

リスク大

株価下落後、もとの水準に戻るタイミングが買い場

　株式市場において、上場企業の製品のリコールや不正会計は大きな下落の要因だ。一方で、問題が風化しほとぼりが冷めると株価がもとの水準に戻ることも多々ある。2011年、オリンパス（7733）の不正会計が発覚したことで一時120円を切るほどに下げたが、その後の2021年2月には2050円台まで戻している。

　一般的には上場廃止のリスクもあるので手を出しづらいイメージもあるが、企業の問題把握と見方を変えれば、下落の勢いが止まってリバウンドが始まるころが買いどきとなる。重要なのは、製品不良・不祥事の深刻さと企業の規模を考慮して、それが致命傷となるかだ。また、下落の勢いが弱まり下げ止まった後、押し目をつくってもう一段下げる「二番底」もあるので注意したい。

暴落時には時代に沿ったテーマ株を買う

資金が集中する株を見極める

　暴落が発生し、全体相場が下がっている、つまりリスクの高い株式という資産からの引き上げが起こっている場合、業績のよい銘柄ではなく、時代に沿ったテーマ株で勝負するのが最も勝率が高い。特に、時代の風潮にあった商品やサービスを提供する企業の銘柄は上昇しやすい。

　その際に重要なのは「世の中がパニックになったときにお金が生まれる方向性を冷静に見る」ことだ。コロナショックでは、衛生用品を扱う川本産業（3604）や海運業を担う商船三井（9104）などがテーマ株の一例となる。テーマやセクターの見極めを優先して行うと、全体の下げに引きずられて一時的に株価が下がっても、戻りの早い銘柄を見つけられる可能性が高く、むしろ資金が集中して上がる可能性もある。

基本
lecture
085

株高相場では割安銘柄で探すのが王道

伊藤亮太

■ 下落後に株価が戻る銘柄に逆張り

　2022年3月、日経平均株価が2万6000円台を推移し、全体的には株高の状況が続いた。

　こうした相場で銘柄選択を行う際には、割高な銘柄は外し、割安な銘柄から探し、逆張りを狙うのが株式投資の王道だ。

　割安の判断はさまざまな視点があるが、「株価自体は下がっていても、現預金が目に見えて増加して多く

なっていたり、売上や利益は変わらずに推移していたりするか」「下落相場でも成長しているかどうか」というような視点を中心に選定していくのが基本だ。

　また、配当利回りが極端に高い銘柄や、短期的に売上が落ちていても再び株価が戻る見込みのある銘柄も、割安銘柄と判断して買うことも多い。

コロナ禍の航空機銘柄

［日本航空（9201）　日足　2019年1月〜2023年2月］

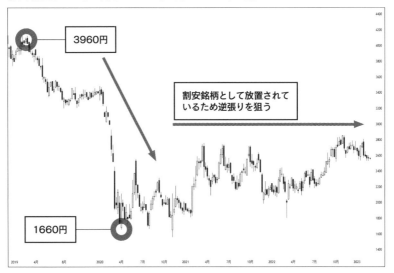

3960円

割安銘柄として放置されているため逆張りを狙う

1660円

応用
technique
086

PTSのランキングを
毎晩チェックする

情報収集や銘柄の選定
値ごろ感の把握をする

PTSとは、夜間でも取引できる時間外取引に対応した電子取引システムのこと。前場と後場の間や証券取引所の営業前後に取引することができるようになっている。

PTSランキングでは、値上がり率や値下がり率を確認できる。そのため、PTSのランキングを毎晩チェックして、値上りした銘柄があればその理由を考え、分析してみ

る。買われている銘柄の傾向を掴むためにも活用してみるのもよいだろう。

また、ほかの投資家たちの評価が、自分が思っていたよりも低く、株価が安かった場合は、本体の取引時間よりも前に買っておくなどの対応も可能だ。

PTSは値ごろ感のひとつの指標になり、情報収集や銘柄の選定の役に立つため、毎晩チェックしてみるとよいだろう。

PTSランキングをチェックしてみる

	投資信託	株式		ETF	マーケット情報	仮想通貨	ポートフォリオ(ログイン)
	株式ホーム	株式を探す		PTSランキング	ニュース/レポート	はじめての方へ	

PTS － 株式ランキング

❶PTSヒートマップ　❷PTS銘柄一覧　❸PTS株式ランキング

値上がり率	値下がり率	出来高	売買代金

2023/03/09 18:48:06 更新
-ジャパンネクストPTS価格-

順位	コード	銘柄名	現在値			基準値比	出来高	売買代金
1	6775	TBグループ	03/09	18:33	226	50 28.41%	65,200	14,735,200
2	5781	東邦金	03/09	18:22	1,968	400 25.51%	13,300	26,174,400
3	3598	山喜	03/09	18:46	175	35 25.00%	400	70,000
4	2588	プレミアム	03/09	18:07	2,949	500 20.42%	1,200	3,419,600
5	7878	光・彩	03/09	16:58	7,150	1000 16.26%	200	1,331,000
6	7901	マツモト	03/09	17:36	7,640	1000 15.06%	1,200	9,095,500
7	7912	大日印	03/09	18:31	4,360	570 15.04%	1,200	5,182,350
8	7044	ピアラ	03/09	18:47	720	75 11.63%	44,600	31,557,700
9	4069	BlueM	03/09	17:54	1,560	143 10.09%	600	951,480
10	8023	大興電通	03/09	18:15	529.9	42.9 8.81%	6,900	3,597,660

MORNINGSTARのサイトではPTSランキングを確認できる（https://portal.morningstarjp.com/StockInfo/pts/ranking）。

応用
technique 087

5年ごとの年金改正で
株価が上がる銘柄

伊藤亮太

■ 社労士支援のシステムを提供する企業などに注目

日本の年金は、5年に一度見直しが行われるのをご存じだろうか？これまでマクロ経済スライドの導入などさまざまな改正が行われるとともに、今後の公的年金の状況について試算・検証が行われてきた。

次回の見直しは2025年。国民年金保険料の支払期間の延長や、パートなど厚生年金加入者の要件拡大などが議論になると想定される。

さて、この5年ごとの改正により、株価が影響を受ける可能性のある企業がある。一例としてエムケイシステム（3910）を挙げておく。

エムケイシステムは社労士業務支援のクラウドシステムを提供する企業だ。年金などの改正により、システムにも影響が出ることで特需が発生する可能性がある。もちろん、改正内容によっては必ずしも特需が発生するとは限らないものの、期待して先回り買いするのも一手だ。

■ 年金に関連する企業の一例

5年ごとに年金改正が行われる

→

年金改正に合わせたシステムに需要が生まれる

→

需要に対応できる企業は株価上昇が期待できる

銘柄名	特徴
エムケイシステム(3910)	社会保険労務士事務所等向け保険申請システム開発・販売
富士ソフトサービスビューロ(6188)	コールセンターやBPO受託がメイン。年金業務など官公庁に強み

マクロ経済スライド ▶ 2004年の年金改正で導入されたしくみで、社会情勢（人口減少や賃金、物価の変動など）に合わせて年金の給付水準を調整するもの

今から仕込んでおきたい
注目業界2選

伊藤亮太

世界中で熱くなっている
宇宙産業

2023年3月13日以降、屋内外問わず、マスク着用は個人の判断となる緩和措置が取られた。これによって、今後ライブやコンサートなどへ参加する人も増加すると思われる。

注目したいのがエンタメ業界だ。エンタメ業界の上場企業には、エイベックス（7860）、アミューズ（4301）などがあるが、今後業績が上向く可能性がある。

もうひとつ、宇宙開発にも着目したい。宇宙開発に目を向ける国は多く、日本でも宇宙ビジネスが盛り上がってきている。2023年に限らず、今後期待できる産業である。そこで注目したいのが、JAXAの認定部品メーカーである。例えば、三菱重工業（7011）では、JAXAと共同でロケットの開発を進めるなど将来性のある事業を展開している。宇宙開発に携わる企業をもとにした長期投資もおもしろいかもしれない。

宇宙企業で検索をかける

宇宙開発関連が株式テーマの銘柄一覧

宇宙産業は21世紀の成長産業の一つだ。衛星放送や衛星通信、気象衛星、GPSなど私達の生活になくてはならない各種製品・サービスにも宇宙産業が強く関わっている。

国家間の宇宙開発競争も激しさを増している。活発なのは米中で、19年3月には米航空宇宙局(NASA)による有人月着陸が当初より4年前倒しの24年になる計画が発表された。一方の中国は19年1月に探査機が月の裏側に史上初めて着陸した。

日本では、宇宙航空研究開発機構(JAXA)が19年7月11日、探査機「はやぶさ2」が小惑星「りゅうぐう」へ2度目の着陸に成功し、地中の砂を採取したことに成功したと発表した。19年5月には、堀江貴文氏が出資するロケット・ベンチャーのインターステラテクノロジズが小型ロケットの発射に成功し、日本の民間ロケット宇宙到達第1号となったことが話題を呼ぶなど民間の宇宙開発も進められている。人類の月面再訪を目指す米国主導の「アルテミス計画」も進められている。

市場別				時価総額別 (単位：億円)				
全市場	プライム	スタンダード	グロース	全銘柄	-50	50-100	100-300	300-1000	1000-

1 2 次へ＞ 50件 ∨

人気テーマ ★ ベスト30　株価更新

2023年03月27日 16:00現在 73銘柄　株価20分ディレイ → リアルタイムに変更

コード	銘柄名	市場	株価	前日比		ニュース	PER	PBR	利回り
2359	コア	東P	1,616	+14	+0.87%	NEWS	13.6	1.59	2.48
3004	神栄	東S	883	+15	+1.73%	NEWS	6.0	0.83	3.40
3401	帝人		1,359	+8	+0.59%	NEWS		0.61	2.94

宇宙開発関連の銘柄をまとめた株探のサイトページ(https://kabutan.jp/themes/?theme=%E5%AE%87%E5%AE%99%E9%96%8B%E7%99%BA%E9%96%A2%E9%80%A3)。三菱重工業のような銘柄を探してみよう。

応用 technique 089

先物は個別銘柄のヘッジとして使いやすい

まだ売りたくないときは先物をショート

　個別銘柄を保持しつつ、全体が調整局面のときには先物を売っておいてヘッジ（リスク対応を施した売買）をかけておけば、個別銘柄を手放さずに値下がりリスクに対応できる。例えば、A社は業績もよく、調整局面の影響を受けにくい業種であれば、わざわざ売りたくないと思うもの。

　しかし、全体相場が調整に入り、その勢いに引きずられて売られていくリスクもあるため、含み益を減らしたくない場合には特に有効。日経平均先物など、市場全体を売りでポジションを持ち、仮にA社も下がるようなことが起きても結果的に損失と先物の売りの利益が相殺されるかたちをつくっておけばリスクにも対応できる。

先物でヘッジのイメージ

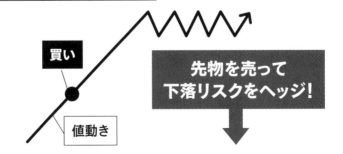

思惑通りに上昇
調整が入りそうだけれど
まだ売りたくないな・・・

買い

値動き

**先物を売って
下落リスクをヘッジ！**

応用
technique
090

ヘッジとして
貴金属ETFを狙う

伊藤亮太

プラチナの価格は
上昇する可能性がある

　相場が株高の状況になれば、ヘッジの一環としてETFを使って貴金属関連に投資するのもひとつの手だ。コロナショック以降、各国の金融緩和によって資金が流れ込んだという背景もあり、すでに貴金属価格も上昇している。

　ただ、プラチナに関しては、金や銀と比較するとそれほど割高ではなく、かつ今後世界的な普及が予想されている水素燃料電池車（FCV）の排ガス触媒に欠かせない素材であることから、今後の価格上昇も期待できる。

　運用資産を株だけに絞るとどうしても相場の影響を受けてしまうが、こうした株に関係のない値動きをする商品を組み込むことで、下落局面での資産の減りを抑えるという視点も持っておいたほうがよいだろう。

近年のプラチナの価格推移

[純プラチナ上場信託(1541)　週足　2020年〜2023年]

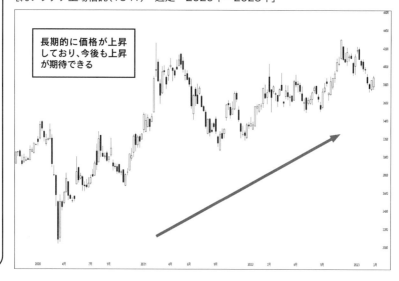

長期的に価格が上昇しており、今後も上昇が期待できる

ETFは2つの組み合わせで
リスクを抑える

日経連動型とダウ連動型を組み合わせる

　TOPIXや日経平均株価など、全体相場を見て取引できるETFを買う場合は、それとは別にアメリカの株価指数と連動するETFを空売りしておくとリスクが抑えられる。

　これとは逆に、国内市場の指数と連動するETFを空売りしたり、インバース型のETFを買ったりする場合でも、アメリカの株価指数と連動するETFを買うことでリスクが抑えられる。

　アメリカと日本の市場は連動して動くことが多いため、買い目線の場合は、基本的にさらなる上昇が見込めるほうを買うのがよい。

　日米の株価の連動を意識して売買する投資家が多いため、売り買い両方のポジションを持つことでサヤ取りできるのだ。

日経平均株価とダウ平均株価の相関

[日経平均株価とダウ平均株価の推移　日足　2020年1月～2023年3月]

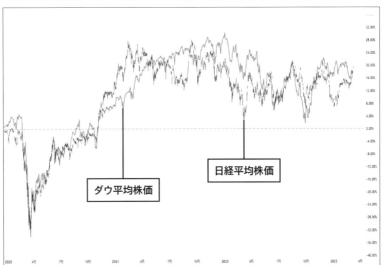

ダウ平均株価

日経平均株価

インバース型　▶　TOPIXや日経平均株価などの原指標の変動率に一定の負の倍数を乗じて算出される「インバース型指標」に連動する商品

急落局面では
REITも選択肢に入れる

伊藤亮太

株価が維持され
チャンスとなる場合も

今後、金融引き締めによって一時的に株価が大きく下落することも考えられる。

そうした局面では、配当や優待などの「インカムゲイン」を得るという視点で見ると、減配や優待の改悪がない限り利回りは上がる。そのため、株価の差益などのキャピタルゲインよりもインカムゲインが重視されていて、長期保有が多い銘柄で

は、利回りがよくなると買いが入りやすくなる。

つまり、暴落時でも株価が維持され、むしろチャンスとなる場合も多い。また、REITは平常時でも平均して5〜7%程度の配当利回りがあるが、コロナショック時では、最も高いもので17%まで上昇した銘柄もある。状況にもよるが暴落時は決め打ちでREITを買うというのも選択肢のひとつだ。

ホテル型REITの推移

[ジャパン・ホテル・リート投資法人（8985）　週足　2020年〜2023年]

コロナ禍による暴落以降、継続的に上昇している

98

チャート・テクニカル

ローソク足やテクニカル指標など
チャートからわかる売買サインを網羅。
基本的な使い方から投資家・トレーダーの
実践的な使い方までを網羅!

基本 lecture 093

抵抗線・支持線から値動きを予測する

ようこりん

線をブレイクすると相場が動く

抵抗線とは、株価が上昇し続けるとき、その上昇が停止すると予想される価格帯を指す。一方、支持線とは、株価が下落し続けるときに、その下落が停止すると予想される価格帯を指す。

ローソク足が抵抗線を超えることができれば、その後の株価が上昇する可能性が高い。そのタイミングで移動平均線のGC（テクニック126参照）が発生したり、年初来高値を更新し得る。また、支持線を下回ると株価が下落しやすくなる。そのタイミングでDCが発生したり、年初来安値を更新し得る。過去に抵抗線や支持線が機能している場合、今後も同じように機能する傾向がある。また、これらの線がどこを向いているかでトレンドがわかる（テクニック102参照）。

抵抗線と支持線

[メルカリ（4385）　日足　2021年7月〜2022年1月]

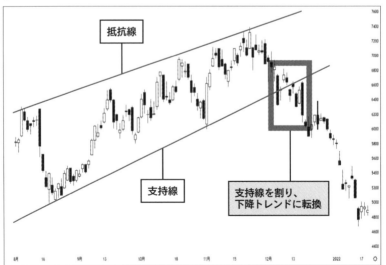

抵抗線

支持線

支持線を割り、下降トレンドに転換

DC　▶ デッドクロス。テクニカル指標で見られる株価下落のサイン。移動平均線の場合、パラメータの小さい線（短期線）がパラメータの大きい線（長期線）を下抜くこと

基本 lecture
094

株価が「キリのよい価格」を抜けてから買う

キリのよい「節目」は注文数が多くなる傾向がある

売買注文は、100円や150円といったキリがよい節目の値段のところに集まりやすいため、逆張りで買う場合は、下の節目にどれくらいの注文が入っているか確認しておくことが重要だ。買ってから値下がりしたとしても、節目に出ている注文が多ければ逃げやすくなる。

順張りで買う場合は、上の節目の売り注文数を確認しよう。注文が多いほどそこが天井となりやすく、上抜ける可能性も低くなるので節目の売り注文が買われ、上抜ければ勢いがつきやすくなるので買いで入るにはよいだろう。

逆張りで売る場合は、上の節目に入っている買い注文の量を確認しよう。量が多ければ反発しやすくなるため、反発したタイミングで注文する。順張りの売りでは下の節目の買い注文を確認し、下抜けたタイミングで注文すれば勢いがつきやすい。

節目は値動きの転換点になる

1 天井になる場合

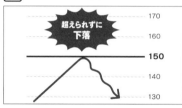

2 勢いが増す場合

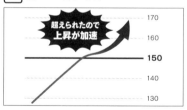

3 板情報も参考にしよう

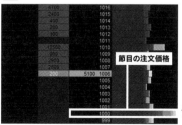

Abalance（3856）の板情報。キリのよい1000円に出来高が集まっている。

板情報とは

● 買い注文と売り注文の値段と数量のこと

● どの値段に注文が集中しているかを把握できる

株価が3000円手前の銘柄は
買いが入りやすい

■ 呼び値が変わる2000円台と3000円台に注目

　3000円や5000円前後の銘柄を売買する際には呼び値が変わることを意識しておくことが大切だ。

　呼び値とは注文時の値段の刻みのことで、株価によって何段階かに分かれている。通常銘柄の場合は、3000円以下が1円刻み、3000円超5000円以下が5円刻み、5000円超3万円以下が10円刻みとなっている。例えば、ある銘柄を3000円で買って1ティック動いた場合、下は2999円だが上は3005円になる。買い手としては1ティックあたりの効率がよくなるため、3000円以下で買いが入りやすくなるのだ。

　特に新興銘柄などで、価格が急騰し3000円台に達した場合、その後の値動きがレンジ→下落になることが多いため、いったんの利確の目安としたほうがよい。

3000円以下で買いが増える具体例と呼び値の区分け

[ジェイテックコーポレーション（3446）　日足　2022年10月〜2023年2月]

ティック　　▶ 取引レートで価格変動があった際の最小単位。1ティックは呼び値によって変わる

勢いのある銘柄は窓閉めで逆張りを狙う

基本
lecture
096

⚠ リスク大

短期に調整することがあるため直近の窓付近に注目

織り込まれていない材料が出たり、地合いが一転してよくなったときなどは、株価が窓を開けてスタートすることがある。

窓とは、前日の高値または安値を上放れて（下放れて）寄り付く状態だ。

セオリーでは、「窓開けは買い」である。また、窓を開けて寄り付いた後に下落し、陽線にかぶさるような陰線であれば、陽線と陰線の2つセットで「カブセ線」と呼ばれ、売りのサインになる。

ただし、市場が注目している銘柄や、上昇の勢いがある銘柄などは、窓を閉めてから再度急騰していくこともある。人気銘柄やさらなる上昇が見込めそうな銘柄で、初動に乗り遅れたときなどは、窓閉めからの反転を狙ってみたい。

窓開け・閉めの例

[フルッタフルッタ(2586) 日足 2022年1月26日〜2022年4月5日]

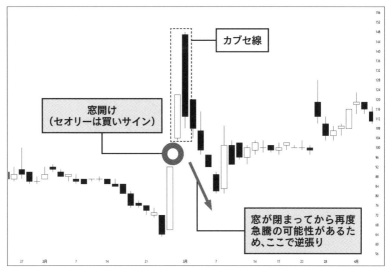

カブセ線

窓開け
（セオリーは買いサイン）

窓が閉まってから再度
急騰の可能性があるため、ここで逆張り

上値が重い・軽いで売買の方向性を変える

上値が見込めるものを買い 上値が重そうなものを売る

セクターやテーマ株の関連銘柄に絞って売買する場合、買いと空売りを組み合わせてポートフォリオを組むと、セクター・テーマ株全体が下落したり、地合いが悪化したときのリスクを抑えられる。

組み合わせ方は、株価上昇の上値余地が大きい銘柄を買い、上値が重そうなものを空売りするのが基本となる。

各銘柄のチャートを見て、直近高値や上値抵抗線となる価格帯までどれくらいあるか比べてみるとよいだろう。

セクター内・関連銘柄のなかで株価の牽引力がある主力銘柄がある場合は、その銘柄を買い、そのほかの弱い銘柄を空売りする方法もある。

売りを入れるべき銘柄の値動きの特徴

前回高値やキリのよい数字など

100円

値動き

何度かトライしても越えられない

セクター ▶ 株式市場を分析する際の便宜上の区分。話題や技術で区分するテーマ株もセクターのひとつ、その株式の材料が持つ特性をグループ分けしたもの

基本
lecture
098

手仕舞いのタイミングを 「つつみ足」で判断

■ 相場が一方向に傾きやすい チャートの形

このテクニックを使うと、転換のサインを読み取ることができる。

つつみ足は、前日の陽線、陰線とは逆に当日のローソク足が前日の値幅を包む大陽線または大陰線の組み合わせのことをいう。

つつみ足がなぜ上昇または下降のサインになるかというと、出現した大きな陽線（または陰線）が前日までの銘柄保有者からの売り、または買い戻しをすべてこなして新値を付けているため、方向が一方に傾きやすい状態と判断できるからだ。

つつみ足は特に日足で意識される形状。日足チャートの天井付近や底値付近で出現したときほど、転換のサインとなる。

「みんかぶ」というサイトでは、チャートの形状でスクリーニングをかけることも可能だ。こうしたサービスを活用して、売買サインを発見していきたい。

株価下落のサインとなる陰のつつみ足

[平和堂(8276) 日足 2023年1月〜3月]

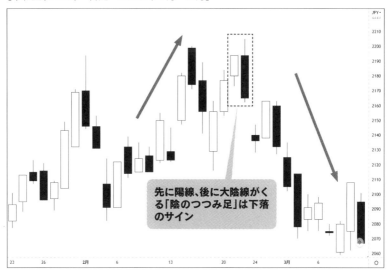

先に陽線、後に大陰線がくる「陰のつつみ足」は下落のサイン

新興株と大型株で
利益確定ポイントを変える

■ 新興株は値動きが軽く
■ 大きく上昇する可能性大

新興市場銘柄が勢いづいたときには、利益確定を早めにせず、利益を伸ばしていこう。特に、10倍以上の値上がりをした銘柄は「テンバガー」と呼ばれる。

このような銘柄を売買する際は、安いところで仕込んでずっと持ち続けることは至難の技で、普通はある程度上昇した調整局面で「もう天井だろう」と売ってしまいがち。

しかし、需給の安定した大型株であればそれでもよいが、新興銘柄は一度買いのトレンドができると、同方向によりエネルギーが注がれることが多く一度押し目をつくってさらに踏み上げるケースが多い。その場合、全部を利益確定せず、部分的に利益確定をし、下落が数日続いてはじめてすべての利益確定をするとよい。誰もが天井付近で売りたいと思うが、価格が極端に動くため非常に難易度が高くなるからだ。

新興銘柄が大きなトレンドに沿って上昇した例

[Macbee Planet(7095)　日足　2022年1月〜2023年3月]

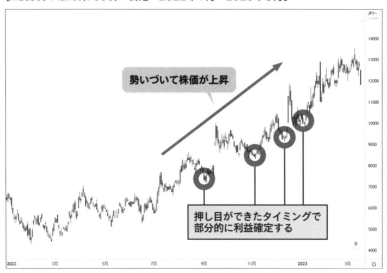

勢いづいて株価が上昇

押し目ができたタイミングで
部分的に利益確定する

押し目　　▶ 上昇トレンドに現れる一時的な下落。順張りでの買いポイントになりやすい。逆に下降トレンドに現れる一時的な上昇を戻り目という

移動平均線で
3つのトレンドを把握する

平野朋之

■ 相場のトレンドは 3種類ある

今現在がどのようなトレンドかを確認し、場面に応じた売買をすることが大切だ。そのためにも、目先の値動きに惑わされないように、50期間の移動平均線（50SMA）でトレンドを確認する方法がある。

●上昇トレンド

直近価格（終値）が50SMAより「上」で推移、かつ、50SMAの「傾き」が「右肩上がり」。2つの条件に当てはまれば「上昇トレンド継続」と判断できる（下図参照）。

●下降トレンド

価格（終値）が50SMAより「下」で推移、かつ、50SMAの「傾き」が「右肩下がり」なら「下降トレンド継続」と判断できる。

●レンジ

価格（終値）が50SMAを何度も跨っており、かつ、50SMAの「傾き」が「ほぼ横ばい」で推移。

50SMAを使った上昇トレンドの見分け方

[三井住友フィナンシャルグループ（8316） 日足 2022年10月〜2023年2月]

ポイント①
ローソク足が50SMAの上で推移している

50SMA

ポイント②
50SMAが右肩上がりで推移している

SMA ▶ 単純移動平均線。一定期間内のローソク足の終値の平均を結んだ線。テクニック124参照。また、直近価格の比重を大きくしたEMA、WMAなどがある

ダウ理論を使って トレンドを把握する

基本 lecture 101

平野朋之

■ 多くの投資家が支持する テクニカル分析の手法

ダウ理論は、チャールズ・ダウによって開発されたテクニカル分析であり、現在でも多くのトレーダーが慣れ親しむ分析方法のひとつだ。

「上昇トレンド」、「下降トレンド」そして「レンジ相場」のうち、レンジ相場を除く場面でダウ理論は力を発揮する。

■ 上昇トレンドと 下降トレンドの確認方法

まずは上昇トレンドの確認方法から解説しよう。

右上図では、AからBまで上昇した後、一時的な調整局面としてCまで下落している。ただし、安値Cは直近の安値Aを割り込むことなく上昇し、DにいたってBの高値を超えている。その後、E地点で調整が入ったが、Cの安値を割れることなく再度上昇している。

このように、直近の安値を割り込むことなく、高値を更新し続ける状態が上昇トレンドである。

次は、下降トレンドの確認方法だ。右下図では、Fの地点からGまで下降。その後、一時的な調整局面としてHまで上昇している。ただし、Hの高値は直近の高値Fを超えることなく再び下降し、Gの安値を更新して安値Iになった。その後、Jまで調整が入ったが、Hの高値を超えることなく下降している。

このように、直近の高値を超えることなく、安値を更新し続ける状態が下降トレンドだ。

■ トレンドが崩れる パターン

ダウ理論では、トレンドが崩れるタイミングも判断できる。

右上図においては、DからEにかけての下落局面で、仮にCの安値を割り込み、さらにAの安値も割り込んだ場合、上昇トレンドの終了と判断する。右下図においても、IからJにかけての上昇局面で、仮にHの高値を超え、さらにFの高値も超えた場合、下降トレンドの終了と判断する。

また、ダウ理論はそれぞれの高値を抵抗線として、安値を支持線として判断することもできる（テクニック093参照）。

チャールズ・ダウ ▶ アメリカの証券アナリスト。相場を取材しての経験からダウ理論を提唱した。後にウォールストリート・ジャーナルを発行するダウ・ジョーンズを共同で設立する

上昇トレンドの判断方法

［日経225先物　4時間足　2022年12月〜2023年1月］

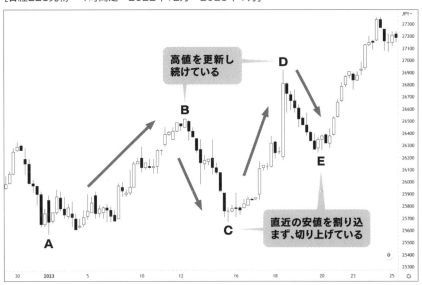

高値を更新し続けている

直近の安値を割り込まず、切り上げている

下降トレンドの判断方法

［サカタのタネ（1377）　日足　2022年11月〜2023年1月］

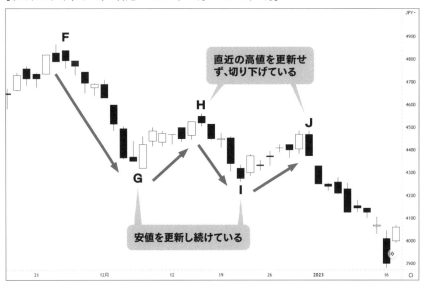

直近の高値を更新せず、切り下げている

安値を更新し続けている

トレンドラインでトレンドの形成から終了を把握する

平野朋之

ローソク足の安値や高値を結ぶ

トレンドラインは、株価のトレンド（上昇傾向、下降傾向など）を示すラインで、上昇局面では右肩上がり、下降局面では右肩下がりのラインになる。

●上昇局面でのライン

ローソク足の安値同士を結び、ラインを延長する。株価がこのラインよりも「上」に位置しているときは買い優勢と判断し、株価がラインに近づいてきたポイントが買いのタイミングになる。終値で明確にラインを割込んだ場合は上昇トレンド終了と判断する。

●下降局面でのライン

ローソク足の高値同士を結び、ラインを延長する。このラインが抵抗線（テクニック093参照）となり、終値がこのラインを明確に上回った場合は下降トレンド終了と判断する。

上昇・下降のトレンドラインの例

[ニトリ（9843）　日足　2023年1月～3月]

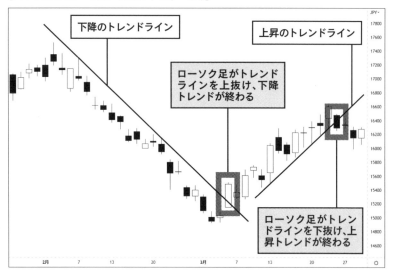

下降のトレンドライン

上昇のトレンドライン

ローソク足がトレンドラインを上抜け、下降トレンドが終わる

ローソク足がトレンドラインを下抜け、上昇トレンドが終わる

底値圏での大陽線は上昇転換のシグナル

平野朋之

出来高を伴いながら上昇していく

株価の下降トレンドが続き、市場参加者の多くがそろそろ安く株を買えそうだと考えていても、なかなか買いに転換しないときがある。

しかし、安く推移しているときに大陽線が現れた場合、その株価が底打ちし、買いの機会が訪れたと多くの参加者が判断し、一気に買い向かうため株価は上昇する。

また、底値圏での大陽線は、注目度が高まる傾向がある。いったん注目が集まると、さらに注目度が増すため、その後も買いが入りやすくなる。

さらに、大陽線が出現するまでの下げ過程では信用売りが溜まっていることが多い。いったん大陽線が出現することで、買い戻しの動きが強まり、出来高を伴いながら、その後も上昇する傾向がある。

底値圏で大陽線が現れて上昇トレンドに転換

［ソフトバンクグループ（9984）　日足　2022年4月～6月］

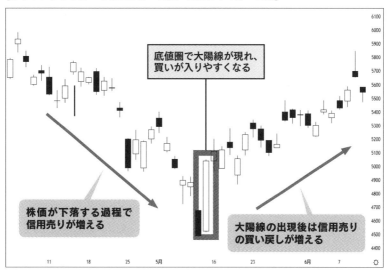

底値圏で大陽線が現れ、買いが入りやすくなる

株価が下落する過程で信用売りが増える

大陽線の出現後は信用売りの買い戻しが増える

大陽線　▶ 陽線（実体が白いローソク足）のうち、実体がほかより長いもの。買いの勢いが強いことが示唆される

111

底値圏での長い下ヒゲは転換のシグナル

平野朋之

売り優勢から
買い優勢に転じた兆候

一般的に「下ヒゲ」が現れたということは、途中までは株価を下げていたことを表す。

しかし、何らかの要因により安値で張り付くことがなく、上昇に転じると、下ヒゲを引いたローソク足が出現する。

下図では、Bの足が長い下ヒゲを形成したローソク足だ。株価が下がり続けるとAのような大陰線をつく

るが、安値から切り返して相場が上昇したことで、買い手が現れたことを示唆している。

特に、底値圏における下ヒゲの長いローソク足は、途中まで売り優勢だったものが、買い優勢に転じたことを表し、それまでの流れを変えるトレンド転換のサインになるときもあるので、注目しておきたい。

底値圏で長い下ヒゲが現れて上昇トレンドに転換

[三菱重工業（7011）　日足　2022年6月〜7月]

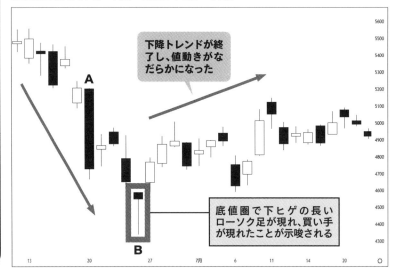

下降トレンドが終了し、値動きがなだらかになった

底値圏で下ヒゲの長いローソク足が現れ、買い手が現れたことが示唆される

大陰線　▶ 陰線（実体が黒いローソク足）のうち、実体がほかより長いもの。売りの勢いが強いことが示唆される

112

三川明けの明星は買いのシグナル

ようこりん

相場が底入れして上げ相場に転換する

「三川明けの明星」は酒田五法のひとつであり、下降トレンドのときにまず大陰線、その右下に窓を開けて小さな陰線または陽線（あるいは十字線）、その次に大陽線が現れる場面のことである。

この形状が現れると、それまでの下降トレンドが終わり、上昇トレンドに転換することが予想される。真ん中の小さなローソク足では売りと買いが拮抗し、翌日の大陽線で買いの圧力が強まり、相場の流れが変わったことが示唆されるのである。

このタイミングでは、売りポジションを持っていればポジションを外し、新規で買いポジションを持つのが適切だろう。

より慎重な判断を求めるならば、もう少し様子を見て、明確にトレンドが変わったことが確認できてから行動を起こすのがよいだろう。

「三川明けの明星」で底打ちとなった例

[伊藤忠商事(8001)　日足　2021年8月〜9月]

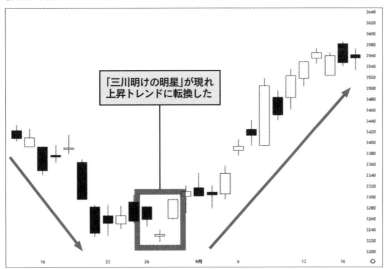

十字線　▶ 始値と終値が一致したため実体が一直線で表されるローソク足。売り買いの勢いが拮抗していることが示唆される

基本 lecture 106

三空踏み上げが現れたら売り

ゆず

天井を形成するときに見られる形

三空踏み上げとは、株価が上昇し、（日足の場合）3日連続で窓を空けた陽線が出現する形で、相場の転換を表すものだ。

上昇相場の最終局面に見られるパターンのひとつとして知られる。

3日連続で窓を開けて上昇する三空踏み上げが出現した後、翌日に陰線が出現したら天井を形成したと見て建玉を清算しよう。

特に、高値圏で出現した場合、翌日に出現した陰線が長ければ信頼しやすくなる。

また、出来高の増加が伴っている点も信頼しやすくなる点だ。このように、複数の指標も見たうえで売り判断を行うとより精度を上げることができる。

「三空踏み上げ」は売りサイン

[東京エレクトロン（8035）　日足　2022年7月～9月]

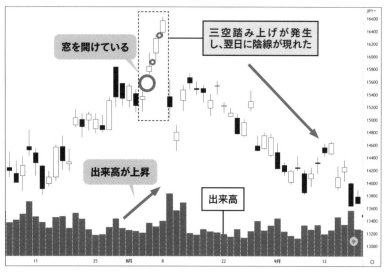

窓を開けている

三空踏み上げが発生し、翌日に陰線が現れた

出来高が上昇

出来高

酒田五法　　▶ 江戸時代の相場師本間宗久が考案した、ローソク足の並びを基本とするテクニカル分析のひとつ。5つの法則（三山、三川、三空、三兵、三法）がある

赤三兵が出たら買いのサイン

ゆず

3つ連続で陽線が出れば上昇のサイン

相場が下落を続けて転換の動きが出たときの安値圏、もしくは、相場が持ち合いのときに、陽線が3つ続く形を赤三兵と呼ぶ。

これは、買いが強くなり、売りが弱くなってきたことを示すローソク足である。

赤三兵が出た後は、相場がさらに上昇していくことが予測できる。

具体的な戦略としては、赤三兵が出現し、5SMAの上にローソク足がいるなど、ほかの指標でも買いシグナルとなったら、まずは小口の買い注文を入れてみよう。その後の反応を見るために小口の注文を入れることを打診買いと呼ぶ。

上昇トレンドが形成され、次の押し目ができたときさらに追加で買うなどしてエントリーするとよい。

上昇トレンドを示す「赤三兵」

[西日本旅客鉄道（9021） 日足 2022年6月〜10月]

建玉 ▶ 信用取引などで、反対売買をされないまま残っている未決済分

トレンドの転換を示す 抱き線・はらみ線

ようこりん

■ ローソク足の組み合わせから 株価の動きを予測する

　2本のローソク足の組み合わせによって、相場の動向を判断できることがある。

　例えば、2本目のローソク足が1本目のローソク足の実体より長く、1本目を覆うような組み合わせを「抱き線（包み線）」と呼ぶ。

　安値圏で1本目が陰線、2本目が陽線の抱き線が現れると、トレンドが転換し上昇トレンドが発生しやすい。

　反対に1本目が陽線、2本目が陰線の抱き線が高値圏で現れると、株価が天井を付け、下降トレンドへ転換しやすい。

　これと似た組み合わせに「はらみ線」がある。これは、1本目のローソク足が長く、2本目のローソク足の実体を覆うような組み合わせだ。

　はらみ線も、陰線と陽線の順番が入れ替わることで上昇・下降の意味が変化する。

抱き線・はらみ線の種類

抱き線	はらみ線

下降から上昇への転換を示す

上昇から下降への転換を示す

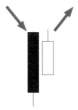

下降から上昇への転換を示す

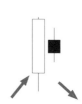

上昇から下降への転換を示す

高値圏で大陰線・上ヒゲの長いローソク足が出たら売り

基本
lecture
109

ゆず

高値圏で買わないために知っておきたいサイン

出来高の増加を伴って株価が大きく上昇を開始した場合、高値圏で大きな出来高を伴った大陰線や上ヒゲの長いローソク足が出現することがある。

これは、相場の転換を示す最も重要な売りポイントである。

特に、最後の抱き陰線が現れた場合は天井サインとなり、この後相場が急落する可能性が非常に高い。そ

のため、いったん建玉をすべて清算しておくとよいだろう。

①出来高の増加を伴った上昇トレンドを形成

②前日のローソク足を半分もしくはすべて抱き陰線

③出来高が上昇を開始してから最大もしくは最大級

この3点が揃うとほぼ確実に天井を意味する。反対に、安値圏で大陽線が出た場合は買いポイントとなる。

出来高と大陰線に注目

[メディネット(2370) 日足 2022年4月〜8月]

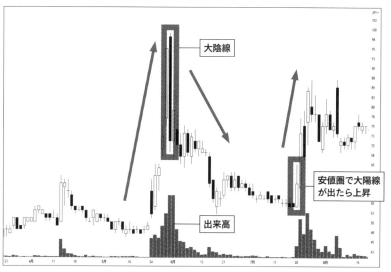

大陰線

安値圏で大陽線
が出たら上昇

出来高

三川宵の明星が
現れたら売りのサイン

ようこりん

■ 上昇トレンドが
終わるときに現れやすい

「三川宵の明星」とは酒田五法のひとつであり、上昇トレンドのときに発生するパターンだ。

まず大陽線、その右上に窓を開けて小さな陰線（あるいは十字線）、その次に大陰線が現れる。この3つのローソク足の組み合わせを三川宵の明星と呼ぶ。

この形状が現れると、それまでの上昇トレンドが終わり、下降トレンドに転換することが予想される。中央の小さなローソク足では売りと買いが拮抗しているが、次のローソク足で売りの圧力が強まって大陰線が発生し、相場の流れが変わったことが示唆されるのである。

このとき、買いポジションを持っていれば売りサインとなる。

株価が順調に上昇し、買われすぎかと考えたタイミングでこのサインが出れば、売りの判断材料にするとよいだろう。

高値圏で三川宵の明星が現れた例

[東邦チタニウム(5727) 日足 2022年11月〜2023年1月]

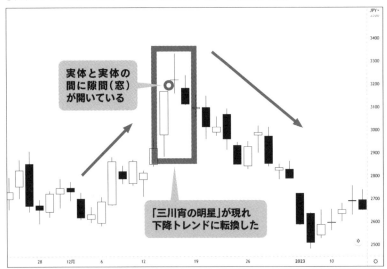

実体と実体の間に隙間（窓）が開いている

「三川宵の明星」が現れ下降トレンドに転換した

三空叩き込みが
現れたら買い

ゆず

投げ売りの最終局面で
見られる形

三空叩き込みとは、株価が下落し、（日足の場合）3日連続で窓を空けた陰線が出現する形で、相場の転換を表すものだ。

投げ売りの最終局面に見られるパターンのひとつとして知られる。

3日連続で窓を開けて下落する三空叩き込みが出現した後、翌日に陽線が出現したら大底を形成したと考え、買いを入れよう。

ただ、このパターンが現れた場合、投資家心理は非常に強い売りに傾いているため、例えば企業が粉飾決算や債務超過に陥っているなど致命的な問題があるケースもあるため注意だ。

なぜ三空叩き込みが現れ、このような売りに傾いているかは、テクニカルだけで見ず必ず自身で調べよう。

三空叩き込みと陽線

[ライドオンエクスプレスHD（6082）　日足　2022年10月〜11月]

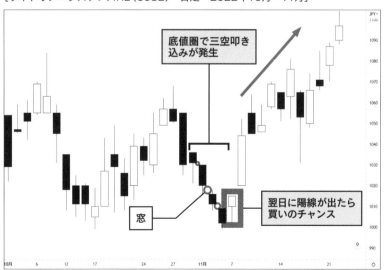

底値圏で三空叩き込みが発生

窓

翌日に陽線が出たら買いのチャンス

投げ売り　▶　損失覚悟で株式などを売却すること。そのまま保有を続けると損失が拡大するような局面で行われる

基本 lecture **112**

黒三兵が出たら
売りのサイン

ゆず

３つ連続で陰線が
出れば下降のサイン

　相場が上昇を続けて転換の動きが
出たときの高値圏、もしくは、相場
が保ち合いのときに陰線が３つ続く
形を黒三兵、または三羽烏と呼ぶ。

　これは、売りが強くなり、買いが
弱くなってきたことを示すローソク
足である。

　黒三兵が出た後は、相場がさらに
下落していくことが予測できる。

　具体的な戦略としては、黒三兵が

出現し、５SMAの下にローソク足
がいるなど、ほかの指標でも売りシ
グナルとなったら、まずは信用で小
口の売り注文を入れてみよう（打診
売り）。

　下降トレンドが形成され、次の戻
り目（リバウンド）でさらに追加で
売るなどして建玉を清算しよう。

下降トレンドを示す黒三兵

［東芝（6502）　日足　2022年９月～12月］

売買のバランスが均衡した三角保ち合い

基本 lecture 113

ようこりん

売りと買いの思惑が拮抗したチャートパターン

三角保ち合いとは、ローソク足が上下の値動きを繰り返し、次第に値幅が狭くなることで三角形のような形になること。売りと買いの勢いが拮抗することでこのチャートパターンがつくられる。

三角形の上辺が抵抗線、下辺が支持線となる。ローソク足が抵抗線を上抜ければ上昇に転じ、支持線を下抜ければ下落に転じやすい。

また、抵抗線が水平で支持線が右肩上がり、つまり三角形の角が上を向いているときは強気の三角保ち合いと考えられ、株価が上昇しやすい。抵抗線が右肩下がり、支持線が水平の形（三角形の角が下を向いているとき）は弱気の三角保ち合いとされ、株価が下落しやすい。

ダマシが発生することがあるため、抵抗線や支持線を抜けても、ローソク足2〜3本分は様子をみるとよいだろう。

「三角保ち合い」の2本の線に注意

[トヨタ自動車(7203) 日足 2022年3月〜11月]

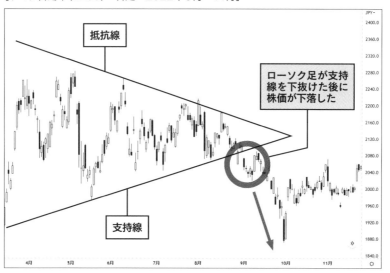

ダマシ　▶ チャート上の値動きがテクニカルのサインと反対に動くこと

基本
lecture
114

代表的なチャートパターン ダブルトップ・ダブルボトム

伊藤亮太

■ Mの形をした
売りのチャートパターン

代表的なチャートパターンに、ダブルトップとダブルボトムがある。ダブルトップとは、Mのようなチャート形態であり、相場が2つの山を示し下降する状況である。

上昇トレンドのときにダブルトップが出現すると、株価が天井を打ち、その後の株価は下降トレンドとなることが多い。

まず、株価が上昇し一度天井を付ける（右図A点）。その後、株価は下降し、B点で反転するものの、A点の高値を超えることができずにC点から再び下降する。C点はA点に比べて低い山となることが多い。

B点とD点を結ぶ線のことをネックラインと呼び、ネックラインを超えて下がると本格的な下落となる可能性がある。株価がD点の部分を突破し、下落したときが売りサインとなる。

■ Wの形をした
買いのチャートパターン

ダブルボトムは、Wのようなチャート形態であり、相場が2つの谷を示し上昇する状況である。

ダブルボトムが出現すると、その後の株価は上昇トレンドになることが多い。

まず、株価が下落し一度谷を付ける（右図E点）。その後、株価は上昇し、F点で反転するものの、E点を下回らずG点から再び上昇する。G点はE点に比べて浅い谷となることが多い。

F点とH点を結ぶ線のことをネックラインと呼び、ネックラインを超えて上がると本格的な上昇となる可能性がある。このH点の部分を突破して、上昇したときが買いサインとなる。

ダブルボトムが下降トレンドで出現した場合には、株価が底打ちし、トレンドが転換したサインとなる可能性があり得る。こうしたサインに気づくと、トレンド転換で売り、買いと判断できるようになるだろう。

122

株価の下落を示すダブルトップ

[ロート製薬(4527)　日足　2022年1月〜5月]

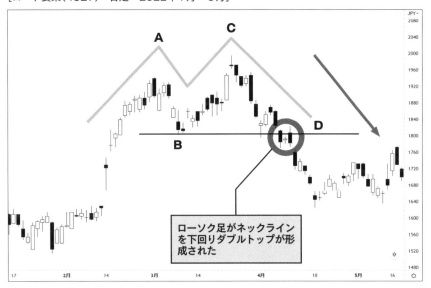

ローソク足がネックライン
を下回りダブルトップが形
成された

株価の上昇を示すダブルボトム

[味の素(2802)　日足　2022年3月〜9月]

ローソク足がネックライン
を超えてダブルボトムが形
成された

123

基本 lecture 115

覚えておきたい
三尊・逆三尊

伊藤亮太

トレンドの転換を予測する
チャートパターン

　三尊とは、チャートに３つの山ができ、中央の山が最も大きく上に振れているときを指す。仏像３体が並んでいるような形に見えることから名付けられたもので、海外ではヘッド＆ショルダーと呼ばれる。

　一方、逆三尊は、三尊をひっくり返した形だ。３つの谷が形成され、真ん中の谷が最も下がっている。

　これらのチャート形成をどう捉えればよいか？　まず、三尊は上昇トレンドが終わるときに発生する傾向がある。３つ目の山を起点として、下降トレンド入りする可能性があるのだ。対して、逆三尊は下降トレンドが終わる場合に発生しやすいといえる。逆三尊が形成されると、３つ目の谷の部分を起点として、上昇トレンド入りする可能性がある。ほかの要素も確認しつつ、トレンド形成がどうなるか確認していくとよいだろう。

逆三尊が現れて株価が上昇した例

［丸紅（8002）　日足　2022年４月〜2023年３月］

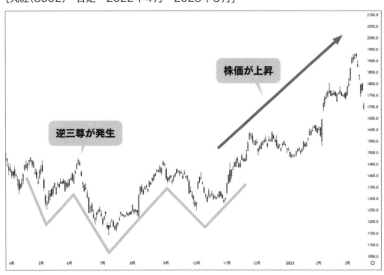

株価が上昇

逆三尊が発生

基木 lecture 116

海外で支持されている カップ・ウィズ・ハンドル

伊藤亮太

コーヒーカップの 取っ手で買う

米国株投資では、どちらかといえば割安度合いなどファンダメンタルズ分析のほうが中長期では向いているといえる。そんななか、アメリカ人が好むチャートパターンにカップ・ウィズ・ハンドル（カップ・アンド・ハンドル）がある。米国株投資を行ううえでは、少なくともこのパターンを覚え、どこで買ったらよいか確認できるようにしよう。

カップ・ウィズ・ハンドルとは、取っ手付きのコーヒーカップのようなチャート形成があった場合に、取っ手部分で買うとよいとするテクニカル分析である。一般に、カップ・ウィズ・ハンドルは、下降トレンドから上昇トレンドに大きく転換する際のパターンといわれている。必ずしも上昇するとは限らないものの、アメリカ人が好んで利用するパターンであるため、活用できると利益を得られるかもしれない。

カップ・ウィズ・ハンドルで株価が上昇した例

［ボーイング（BA） 日足 2022年8月〜2023年2月］

基本 lecture 117
一度に売らずに
何回かに分けて利確する

部分的に利益確定して
リスクヘッジする

利益確定の際に使えるテクニック。地合いがよくないときや、値動きが激しい銘柄などは、大きく上がったところで部分的に利益確定しておこう。

一度に全部売ってしまうと、さらに上がったときに利益が得られない。逆にまったく売らなければ、反落したときに含み益が減ってしま

う。

値動きが読みづらいときは、「上がる」「下がる」と決めてかかるのではなく、実際の値動きに合わせて柔軟に対応することが大切。細かくポジションを調整し、リスクを抑えよう。高値の抵抗が強く、想定以上に株価が下落したときは、安いところで攻めて買い直すのも手。

応用 technique 118
貸借銘柄は
相場の反発が期待できる

銘柄の種類によって
値動きに特徴がある

急騰した銘柄は、一度天井を付けて下落した後、切り返して再度上昇していくことがある。一度目の急騰に乗れなかった場合は、この反発のタイミングを狙ってみたい。

その際にポイントといえるのが、貸借銘柄であること。

空売りできる貸借銘柄は後に空売りの買い戻しがあるため、空売りで

きない銘柄（信用取引銘柄）よりも反発する可能性があり、反発したときの上昇力も強くなりやすい。

応用
technique
119

高値圏での乱高下は
その後の下げに要注意

ようこりん

乱高下の後には
大きな価格変動を想定する

　過去に発生した上昇相場の高値付近では価格が乱高下しやすく、その後の下げに注意すべきだ。

　トレンドのなかで連日陽線が続き、一度高値を付けた後に大きく下げるようなケースでは、リバウンドを狙った投資家の買いや、その後の下落を狙った売り、高値圏で売りそこなった投資家の利確など、売買が入り混じることで乱高下するが、こ

れらの売買がいったん整理されると大きな価格変動につながりやすい。

　例えば、上昇トレンドの後に高値圏で数日間もみ合いが続き、その後に下落するケースだ。再度上昇を始めるというようなケースもあるため、一概に「下落」というわけではないが、その後の大きな価格変動を想定しキャッシュポジション（現金保有）を高めるなどの備えをしておいたほうがよいだろう。

高値圏での乱高下の後に大幅下落した例

［オリンパス（7733）　日足　2022年4月〜2023年2月］

高値のライン

過去の高値に近づき、もみ合っている

応用 technique 120
下げすぎたときに短期の リバウンドを取る

相場がパニックに なったときがチャンス

下落相場では、下げすぎたときに短期のリバウンドを取るという方法も有効である。下落相場のときは「戻り売り」か「急落で買う」という2つのパターンを狙うとよい。

「戻り売り」とは、相場が下落しているときに、短期的に上昇したところで空売りを入れることだ。戻り売りで取引すると、短期的ではあるが、利益が取れることが多い。

「急落で買う」はセリング・クライマックスを彷彿させるような急落時に買っていくことで短期的な利益が取れる。

今の相場では、市場が急に動きパニックになってきたときに、買われすぎたり、売られすぎたりしているところをしっかり逆張りしていくとよいだろう。

急落時を狙う

[ホットリンク(3680)　日足　2022年8月〜2023年2月]

下げすぎたときに逆張りを狙う

セリング・
クライマックス

▶ 下落相場の最終局面で相場全体が売り一色になり、大幅に株価などが値下がりすること。
売りが一巡したあとは反転上昇に転じることも多い

基本 lecture 121

株価トレンドの判断に
出来高を活用する

戸松信博

トレンド継続を判断する視点を増やす

株価のトレンド継続を判断する際には出来高を活用しよう。出来高とは、チャートの下部に表示される棒グラフ状の指標だ。取引された株の量を示しており、出来高が多いほど取引数が多いとわかる。

基本的に、株価がその後も上がる場合は出来高も併せて増加していくことが多い。

例えば、上昇トレンド中に一時的に株価が下落した銘柄があったとする。株価が下落したとき、出来高が拡大していなければ、その下がる動きを追って売る人が少ないと判断でき、上昇トレンドのなかの押し目になるケースが散見される。

トレンドが継続するか天底になるかを判断する際に、ローソク足だけでなく出来高を組み合わせてみると、別の視点から判断することが可能になる。

出来高活用の例

[ファーストリテイリング(9983)　日足　2022年6月〜9月]

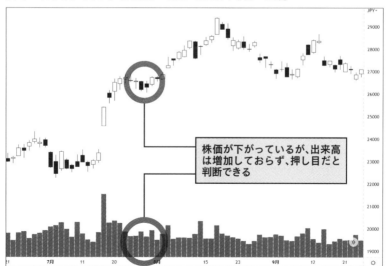

株価が下がっているが、出来高は増加しておらず、押し目だと判断できる

応用 technique 122 価格帯別出来高で 反転しやすい価格帯を把握する

価格ごとに抵抗線や 支持線がわかる

値動きの幅をイメージするために は、価格帯別出来高が多いところも 見ておくとよいだろう。価格帯別出 来高とは、価格帯ごとに売買が成立 した株数を棒グラフで表示したも の。

現在の株価より下に出来高が多い ところがあれば、そこが下値支持線 となって株価が下げ止まる可能性が ある。逆に、現在の株価より上に出 来高が多いところがあると、その付 近で買った人たちの売りが出て、上 昇が止まったり、跳ね返される可能 性がある。

その2点を確認しておくと、買っ てから下がったときの損失や、上昇 したときに見込める利益が想定しや すくなる。

上値の幅が小さく、利益が見込み づらい場合は、出来高が多い価格帯 を上抜けてから買うのもひとつの手 である。

価格帯別出来高のポイント

ソフトバンクG（9984）　日足　2021年7月〜2022年2月

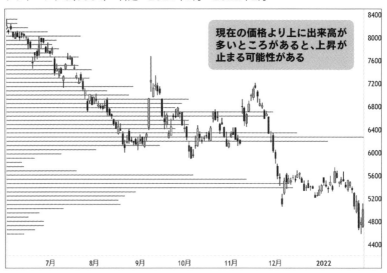

現在の価格より上に出来高が 多いところがあると、上昇が 止まる可能性がある

2種類のテクニカル指標を使い分ける

ゆず

それぞれトレンドの理解と過熱感の理解に役立つ

相場の情報を分析し、グラフ状に可視化したものをテクニカル指標と呼ぶ。テクニカル指標は多くの種類があるが、トレンド系とオシレーター系に大別される。

トレンド系は相場のトレンドを理解することに優れており、移動平均線、一目均衡表、パラボリックなどが代表的だ。オシレーター系は相場の過熱感を理解することに優れており、MACD、RSI、RCIなどが挙げられる。トレンド系指標で今の相場が上昇か下落かを把握し、オシレーター系指標で相場の転換点や売買ポイントを探ることができる。

ただ、これらの指標を活用する場合は自分の投資の時間軸に合ったものを選ぶ必要があり、例えばデイトレードなら1分足や5分足、長期投資なら日足、週足、月足を活用しよう。長期投資家が1分足や5分足を活用しても意味がない。

トレンド系とオシレーター系

[レーザーテック(6920)　日足　2022年9月〜2023年3月]

移動平均線
トレンド系のひとつ。一定期間の価格から平均値を計算して結んだもの。相場のトレンドをひと目で読み取ることができる

RSI(相対力指数)
オシレーター系のひとつ。一定期間内の株価の上下幅から、現在売られすぎか買われすぎかがわかる

基本
lecture
124

最も使いやすいテクニカル指標は移動平均線

伊藤亮太

トレンドを把握する代表的な指標

テクニカル指標のなかでもトレンドを把握する代表的な指標として「移動平均線」を挙げることができる。

移動平均線とは、文字通り値動きの平均値を移動させたグラフのこと。日足の場合、5日移動平均線（5SMA）、25日移動平均線（25SMA）などはよく利用される移動平均線である。この「5」や「25」とは、株価（基本的には終値）の平均値を計算する期間であり、同じ期間でも時間足によって見え方が変わる。

移動平均線によりわかることは、価格の方向性である。ローソク足のみで判断するよりも、移動平均線を描くことでより詳しくトレンドを判断できる。例えば、移動平均線が上向きである場合、平均的に買う人が増えている状況であり、上昇トレンドが続いていると判断できる。

移動平均線の向きで現在のトレンドを判断する

[川崎汽船（9107）　日足　2022年3月〜7月]

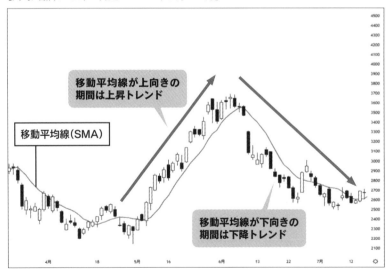

移動平均線が上向きの期間は上昇トレンド

移動平均線（SMA）

移動平均線が下向きの期間は下降トレンド

基本 lecture 125 移動平均線を上抜けたときに買うポイント

移動平均線を境にして分けた足の長さを比べる

　ローソク足と移動平均線のゴールデンクロスは強い買いのサインだが、交差した直後だと次にどちらに動くかわからない。そのまま上抜けることもあれば、跳ね返されることもある。そのようなときは、移動平均線を境にローソク足の実体の上のほうが長いか、下のほうが長いかを比べてみるのもひとつの手。長い方に向けて株価が動くことが多く、上

抜けている実体のほうが長ければ上昇トレンドが生まれる可能性が高いことがわかる。また、移動平均線は直近で売買した人の損益分岐点として、損切りや、買い増し（売り増し）の目安にしている人も多いため、次に株価がどう動くかにも注目しておこう。

上抜けと反落のパターン

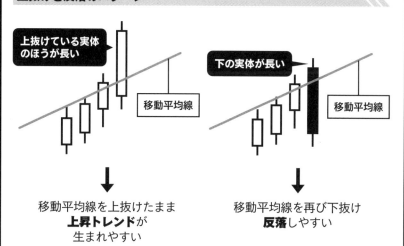

ゴールデンクロスは
クロスする向きに注目

■ 長期線と短期線が上向くと
■ 信頼度アップ

　テクニカル指標のなかでも、移動平均線のゴールデンクロス（GC）は強い買いサインのひとつだ。これは、パラメータの異なる移動平均線を2本表示したとき、短期線（パラメータの数値が小さいほう）が長期線を上抜けることを指す。

　現在の株価が、直近数日間または数週間の買値の平均（移動平均線・長期の移動平均線）よりも高くなっ

たことを意味するため、買い方有利の状態を表し、株価上昇の弾みもつきやすくなる。

　ただし、長期線が下向いているときのクロスは信頼度が低くなる。下降トレンドの途中で一時的に株価がリバウンドし、GCとなった可能性があるためだ。

　GCを見て買う場合は、長期の移動平均線が横向きか、上向きに変化するときを狙うのがよい。

「上向き」は買いのチャンス！

［イオン（8267）　日足　2022年3月～12月］

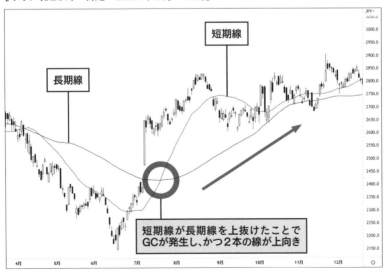

短期線

長期線

短期線が長期線を上抜けたことで
GCが発生し、かつ2本の線が上向き

強いトレンドは「パーフェクトオーダー」に注目

戸松信博

短期、中期、長期の並びを覚えよう

シンプルにトレンドを分析するのであれば「パーフェクトオーダー」に注目したい。

これは3本の移動平均線の並びのことで、上昇トレンドでは上から短期線＞中期線＞長期線の状態になったことを指す。

上昇トレンドでは直近の高値を抜けて上昇し、直近安値を下回らず、再度高値を抜けていくが、この株価推移を長期間続けていると移動平均線の順番はパーフェクトオーダーになる。

つまり、その銘柄は強い上昇トレンドが続いていることを意味し、その後も上昇する可能性が強く注目できるだろう。

下図の例でも、3つの移動平均線が上を向いたことで上昇トレンドが発生していることがわかる。

パーフェクトオーダーの例

[信越化学工業(4063)　日足　2022年11月～2023年3月]

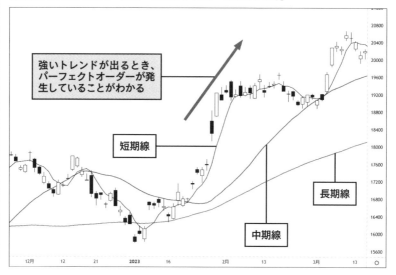

強いトレンドが出るとき、パーフェクトオーダーが発生していることがわかる

短期線

長期線

中期線

基本 lecture 128 グランビルの法則で 買いの判断を行う

伊藤亮太

移動平均線を使った 4つの買いサイン

グランビルの法則とは、アメリカのアナリストであるジョゼフ・E・グランビルが考案した手法。移動平均線とローソク足の位置から、売りサイン、買サインをそれぞれ4つ判断することができる。

ここでは、4つの買いサインについて解説する。

まず、ひとつ目のサインは「横ばいもしくは上向きの移動平均線を、ローソク足が上抜ける」ことだ。下落していた株価が上昇に転じる際に現れるサイン。ローソク足が移動平均線を上回るということは、一定期間の平均価格より高い値が付いたということであり、株価の上昇傾向を示す。

2つ目のサインは、「上向きの移動平均線をローソク足が下回る」こと。これは、上昇トレンドの途中に現れるサイン。通常、上昇トレンド中であっても一時的に株価が下がることがあり、これを「押し目」と呼ぶ。2つ目の買いサインは、この押し目を狙った手法である。

3つ目のサインは、「ローソク足が移動平均線の上にある状態で、移動平均線に向かって下落する」こと。2つ目のサインと違い、ローソク足が移動平均線を下抜けないまま上昇に転じる状態だ。こちらも押し目と判断できるため、有効な買いサインとなる。

4つ目は 逆張りを狙ったサイン

最後の買いサインは、「下向きの移動平均線からローソク足が大きく離れる」ことだ。ローソク足は、移動平均線から離れた後、再び近づく動きをする傾向がある。そのため、大きくかい離したときは安く買えるチャンスともいえる。

しかし、これは株価が下落したタイミングで買いを狙う「逆張り」の手法。このまま下降トレンドが始まる可能性もあるため、移動平均かい離率（テクニック142参照）など、ほかのサインを活用しながら慎重に行うとよいだろう。

テクニック129で解説する4つの売りサインは、買いサインの逆の手順となる。

グランビルの法則の買いパターン

［グンゼ（3002）　日足　2022年9月〜2023年2月］

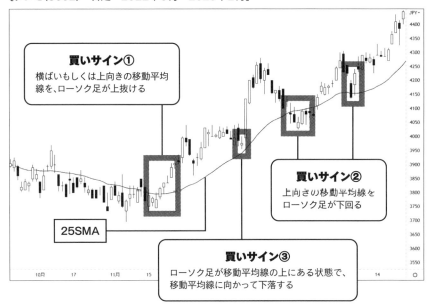

買いサイン①
横ばいもしくは上向きの移動平均線を、ローソク足が上抜ける

25SMA

買いサイン②
上向きの移動平均線をローソク足が下回る

買いサイン③
ローソク足が移動平均線の上にある状態で、移動平均線に向かって下落する

［レーザーテック（6920）　日足　2022年11月〜2023年3月］

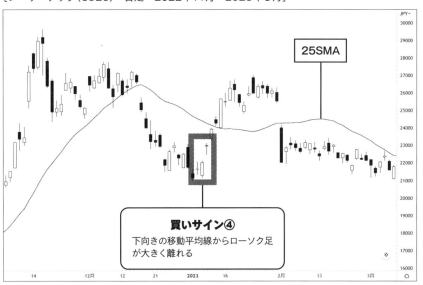

25SMA

買いサイン④
下向きの移動平均線からローソク足が大きく離れる

グランビルの法則で
売りの判断を行う

伊藤亮太

移動平均線を使った
4つの売りサイン

グランビルの法則には、テクニック128で解説した買いサインのほかに、4つの売りサインがある。

ひとつは、「横ばいもしくは下向きの移動平均線を、ローソク足が下抜ける」ことだ。これは、上昇を続けていたローソク足が下降トレンドに転換する際に現れるサイン。トレンドの転換を示す重要なサインのため、買いポジションを持っている場合は、様子見をしつつ、部分的に売却を検討するとよいだろう。

2つ目の売りサインは、「下向きの移動平均線をローソク足が上抜く」こと。これは、下降トレンドの途中に現れる売りサインのひとつ。

下降トレンド中であっても、一時的に株価が上昇することがあり、これを「戻り目」と呼ぶ。2つ目のサインは、この戻り目を狙って少し高い株価で売却を狙うものだ。下降トレンドの間は何度も現れやすいため、積極的に狙っていきたい。

3つ目の売りサインは、「ローソク足が下向きの移動平均線の下にある状態で、移動平均線に向かって上昇する」こと。2つ目の売りサインとは違い、買いの勢いが弱く、ローソク足が移動平均線を上抜けない状態だ。とはいえ、こちらも戻り目の一種であり、比較的高く売れるタイミングのためよく狙っていきたい。

4つ目は
逆張りのサイン

4つ目の売りサインは、「上向きの移動平均線からローソク足が大きく離れること」だ。テクニック128で解説した4つ目の買いサイン同様、ローソク足は移動平均線から大きく離れた後、再び移動平均線に接近する傾向がある。この性質を利用し、ローソク足が移動平均線から離れて大きく上昇したタイミングで売りを入れ、利益を狙うことができる。

しかし、逆張りの手法であり、リスクが大きい。基本的には売りサイン1〜3を中心に活用し、売りサイン4を使うときはほかのテクニカル指標も用いて慎重に判断したい。

グランビルの法則の売りパターン

[日本電産(6594) 日足 2022年7月〜11月]

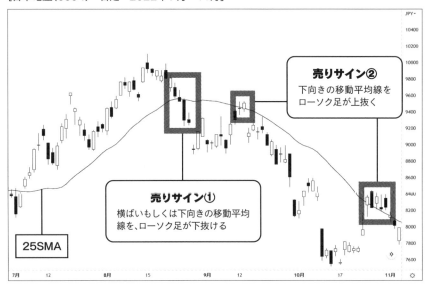

売りサイン②
下向きの移動平均線を
ローソク足が上抜く

売りサイン①
横ばいもしくは下向きの移動平均
線を、ローソク足が下抜ける

25SMA

[伊藤忠商事(8001) 日足 2022年3月〜6月]

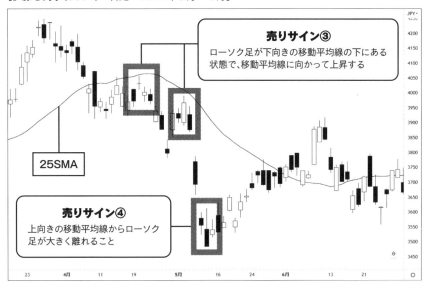

売りサイン③
ローソク足が下向きの移動平均線の下にある
状態で、移動平均線に向かって上昇する

25SMA

売りサイン④
上向きの移動平均線からローソク
足が大きく離れること

基本 lecture 130 押し目買いは 過去チャートの復習でうまくなる

押し目買いできそうな 反転ポイントを探す

「押し目が取れたら一人前」ともいわれるように、押し目買いは難しい技術のひとつ。

基本は上昇分に対して、1／3押し、半値押し、2／3押しといわれるが、セオリー通りに反発するとは限らず、銘柄によっても値動きが異なる。

チャート上では、移動平均線は支持線として機能しやすい。価格帯別出来高が多いところも押し目買いのポイントになる可能性がある。

こうした判断をできるようになるには、過去チャートを使って復習するのがよい。

ただし、基本的には逆張りで買うことになり、想定したポイントより大きく下がるリスクもあるため、買う際の資金調整と反発の見込みが外れたときの損切りも重要だ。

押し目の目安

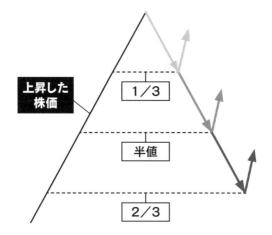

上昇した株価

1／3

半値

2／3

これらはあくまでセオリーの値動き。実際にはほかの要素も反発の要因になるので注意！

140

基本
lecture
131

ボリンジャーバンドの±3σに
いつタッチしたかに注目

ようこりん

■ レンジ相場ではバンドの幅が
広いタイミングを狙う

ボリンジャーバンド（BB）は、7本の線からなるトレンド系のテクニカル指標。上から順に＋3σ、＋2σ、＋1σ、ミドルライン（移動平均線）、−1σ、−2σ、−3σで構成される。各線を抵抗線や支持線と捉え、ローソク足が線を超えたり、タッチしたときに売買する。例えば、株価が大きく下落して−3σにタッチした場合、−3σが抵抗線

となり株価が戻ると推測され、割安で買えるサインとなる。

ただし、ローソク足が−3σに触れたら無条件で買っていいわけではない。レンジ相場に限っては、BBのバンドの幅が狭い状態で−3σに到達しても、その後も下落を続けることが多い。レンジ相場ではバンドの幅が広いときを狙って売買しよう。ただし、トレンド形成時はバンドの幅が狭くても−3σにタッチしたら狙い目となる。

■ レンジ相場におけるBBの買いサイン

[日経平均株価　日足　2022年5月〜2023年3月]

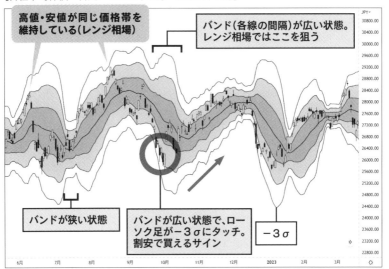

高値・安値が同じ価格帯を維持している（レンジ相場）

バンド（各線の間隔）が広い状態。レンジ相場ではここを狙う

バンドが狭い状態

バンドが広い状態で、ローソク足が−3σにタッチ。割安で買えるサイン

−3σ

基本
lecture
132

一目均衡表の「三役好転」は信頼性が高い

一目均衡表の見方のなかでも信頼性の高さが光る

　複合的にチャートを見たいときは一目均衡表を使おう。

　一目均衡表は、ローソク足に対して「基準線」「転換線」「先行スパン1」「先行スパン2」「遅行スパン」の5つの線とひとつの雲で構成されるテクニカル指標。

　先行スパンのクロス、遅行スパンのローソク足抜け、雲の抵抗など個別に使うことができ、使用方法に汎用性がある。

　なかでも方向性の強いサインとなる「三役好転」は、トレンドを判断する信頼性の高いシグナルだ。下図のように、①遅行スパンがローソク足を上抜け、②転換線が基準線を上抜け、③ローソク足が雲を上抜け、の3つが発生する状態が該当する。

　ただし、日足では三役好転だが、週足ではサインなしなど、時間軸によって売買シグナルの出方は変化するので注意。

三役好転の例

[杉本商事(9932)　日足　2022年9月〜2022年11月]

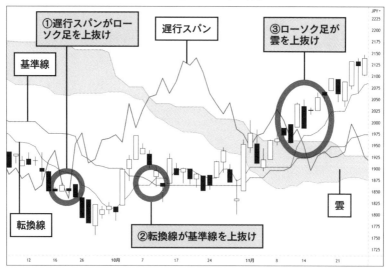

雲　　　　　▶ 先行スパン1と先行スパン2で構成されたベルト地帯を指す

基本 lecture **133**

「雲抜け」で相場の勢いを判断する

雲中では上限が「抵抗線」下限が「支持線」の可能性大

雲を使う際に知っておきたいテクニック。

一目均衡表では、雲抜けが強い売買のサインと考えられている。言い換えれば、雲を抜けるために大きなエネルギーが必要ということであり、雲の上限が上値抵抗線、下限が下値支持線として機能しやすいということだ。

その点を踏まえると、厚い雲は、

2つの先行スパンで囲まれた一種のボックス相場（レンジ相場）と見ることができる。現在の株価が雲中にある場合、ボックス相場での立ち回り方と同じように、雲の上限で売り、下限で買うという売買ができるだろう。

ただし、テクニック134のようなリスクがあるため、雲を抜けたときの損切りを徹底することが大事だ。

雲を使った売買手法

[伊藤忠商事（8001）　日足　2022年12月〜2023年2月]

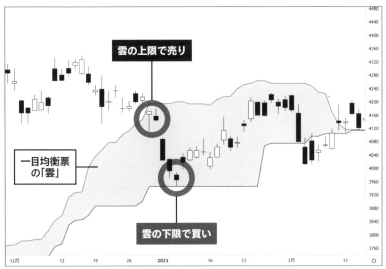

雲の上限で売り

一目均衡表の「雲」

雲の下限で買い

143

基本 lecture 134
一目均衡表の雲中にある銘柄は様子見する

雲中は上下しやすいので安易に売買しない

一目均衡表から読み取れるサインには、基準線と株価のクロス、基準線と転換線のクロス、三役好転（テクニック132参照）・三役逆転、雲抜けなどがある。

なかでも、雲は一目均衡表の代表的な存在だ。「未来」の支持線・抵抗線となる価格帯や、その強さ（雲の厚み）を表している点は、ほかのテクニカル指標にはない特徴だ。

売買のタイミングとしては、雲の上抜けで買い、下抜けで売り。

テクニック133のような考え方もあるが、雲のなかは支持・抵抗の押し合いが起きやすく、株価の行先も読みづらい。そのため、リスクを抑えて売買するためには、上下どちらかに抜けるタイミングを待ってから売買するのがよいだろう。

雲のなかで押し合いをする例

[タカラバイオ(4974)　日足　2022年9月22日〜2月28日]

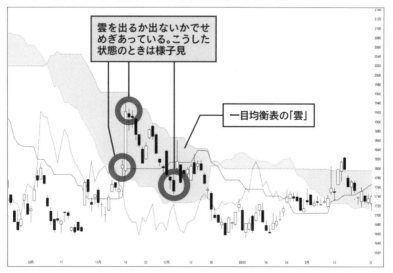

雲を出るか出ないかでせめぎあっている。こうした状態のときは様子見

一目均衡表の「雲」

基本 lecture 135 ストキャスティクスで 相場の過熱感を判断する

平野朋之

買われすぎているときは 買いを控える

ストキャスティクスはオシレーター系テクニカル指標のひとつで、相場の過熱感を探り、RSIと同様にメインチャートの下（サブチャート）に表示される。

ストキャスティクスは下限が0、上限が100の範囲で表され、0に近いほど売られすぎを示し、100に近いほど買われすぎを示す。今後株価が上昇することで利益を得たいと考える場合、目先の過熱感が出ているときは買いを控え、なるべく安い水準で買うほうが得策だ。

下図の場合、A地点ではストキャスティクスの値が「80」を超えているため、目先過熱感が高まっている状態と判断し買いを控えたほうがよい。ストキャスティクスの値が「20」以下であり、売られすぎの水準に達したB地点まで待って買い持ちに回ることで、無駄な損失を抑えることが可能になる。

ストキャスティクスで売られすぎ・買われすぎを判断する

[東日本旅客鉄道（9020） 日足 2023年1月〜3月]

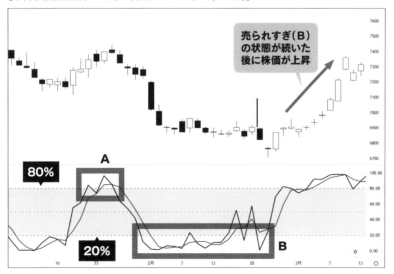

売られすぎ（B）の状態が続いた後に株価が上昇

ストキャスティクス ▶ 一定期間内の最安値、最高値などをもとに過熱感を数値化した%Kと、%Kを平均化した%Dという2つの線で構成されている

応用
technique
136

ストキャスティクスは％Dを
重視してダマシを減らす

平野朋之

％Dは比較的
滑らかな動きをする

ストキャスティクスは、早い反応を見せるストキャスティクス（％K）と、％Kを平均化した％D、という2本の線で成り立っている。

下図はローソク足、％K、％Dの3つを表示したチャートだ。％Kのうち四角形で囲った箇所に注目すると、買われすぎを示す水準「80」のラインを何度も上下している。これは「ダマシ」の反応であり、買わ

れすぎの水準を脱したと判断し、信用売りを行ったとしても、結局その後も株価は上昇を続けてしまう。

一方、％Dのうち四角形で囲った箇所に注目すると、％Kに比べてジグザクが減り、判断に迷う場面が減る。目先のダマシに合わないためには％Dを重視することが大切だ。

また、一部のチャートソフトでは通常のストキャスティクスよりもダマシを減らせる「スローストキャスティクス」を使うことができる。

％Dに注目してダマシを減らす

[SMC（6273） 日足 2023年1月〜3月]

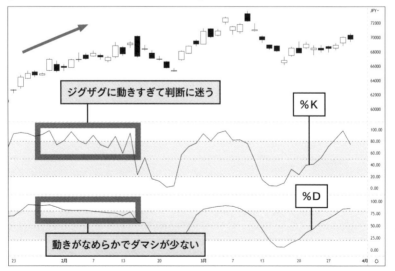

%K・%D ▶ %Kは、（直近終値−過去n日間の最安値）÷（過去n日間の最高値−過去n日間の最安値）×100（％）で算出。％Dは、期間内（M）に対する％Kの単純移動平均

RSIはパラメータ変更で サインの頻度が変わる

逆張りに有効な テクニック

RSIは、終値ベースで上昇変動と下落変動のどちらの勢いが強いかで相場の過熱感を計測するオシレーター系（テクニック123参照）のテクニカル指標。

数値が20〜30％で「売られすぎ」、70〜80％で「買われすぎ」と判断ができる。それぞれ「売られすぎ」では買い、「買われすぎ」では売り、の逆張りサインとなる。

一般的に使うパラメータは14だが、9や25も使われることがある。

下図のように、数値を小さくすると、RSIの振れ幅が大きくなる。サインの発生回数も多くなることから取引回数を増やすこともできるが、一方でダマシも多くなるというデメリットも生まれてしまうため、注意が必要だ。

サインの頻度の変化

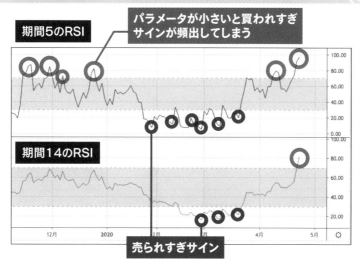

※RSIの線はパラメーターの期間に上昇と下降の値動きの平均から上昇の割合で計算される。計算式はA÷（A＋B）×100

3つの売買サインが現れる MACD

ゆず

3つのポイントを押さえて売買を行う

MACD（マックディー）は、MACD線、シグナル線、そしてヒストグラムで構成されるテクニカル指標だ。短期の移動平均線と中期の移動平均線の動きから売買のタイミングを判断する。指数平滑移動平均線を使用しているため、単純移動平均線より早く売買サインが出現しやすい。使い方は次の3つ。

①MACD線がシグナル線を下から上に突き抜けるGCが買いポイント、上から下に突き抜けるDCが売りポイント

②MACD線が0ラインの上を超えると上昇トレンドが続くサインとされる。さらに、後を追うようにシグナル線も0ラインを超えると、より上昇が続くサイン

③株価とMACDが逆のトレンドを示すダイバージェンス（テクニック140参照）発生後は、トレンドの転換が予測される

MACDで見る3つのサイン

［大正製薬HD（4581） 日足 2022年1月〜10月］

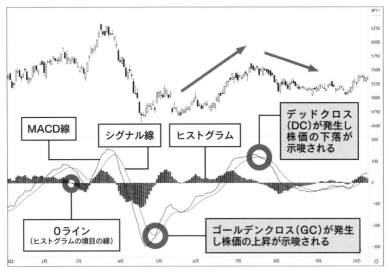

MACD線 シグナル線 ヒストグラム

0ライン（ヒストグラムの境目の線）

ゴールデンクロス（GC）が発生し株価の上昇が示唆される

デッドクロス（DC）が発生し株価の下落が示唆される

指数平滑移動平均線 ▶ 直近の価格に比重を置いた移動平均線。最新の価格をより強く反映するため、値動きに敏感に反応し、トレンドの転換を早めに確認できる。EMAともいう

応用
technique
139

MACDのGCは0ラインより下で発生したときが狙い目

ようこりん

割高な銘柄も安く買うことができる

下図は、オリエンタルランド（4661）のチャートだ。「山高ければ谷深し」という投資格言の通り、過去最高値を出した後に株価が急落した。このときのMACDを見ると、0ラインよりかなり低い位置でGCが発生していることがわかる。実は、MACDのGCは0ラインより下の位置であるほど信ぴょう性が高く、トレンドが続きやすくなる。

このケースでは、下落から約3カ月後、3466円から4235円まで769円上昇した。0ラインよりどれだけ下の位置でクロスするかは、銘柄や株価指数によって異なる。例えば日経平均株価は、MACDの値が－400付近でクロスすることがある。

オリエンタルランドはファンダメンタルズ分析だけで見ると割高で買えないが、このようにテクニカル指標を見ることで割安なタイミングを探ることができる。

0ラインより下でMACDのGCが発生した例

［オリエンタルランド（4661）　日足　2022年2月～9月］

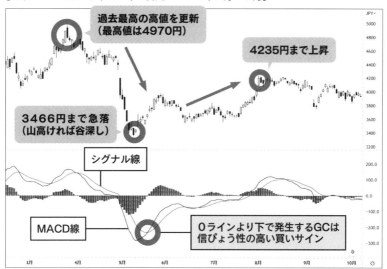

過去最高の高値を更新（最高値は4970円）

4235円まで上昇

3466円まで急落（山高ければ谷深し）

シグナル線

MACD線

0ラインより下で発生するGCは信ぴょう性の高い買いサイン

MACD線・シグナル線 ▶ MACD線は、短期EMA－長期EMAによって算出されたライン。シグナル線は、MACD線の数値をもとにしたSMA（単純移動平均線）

ダイバージェンスでみる
サインとトレンド

伊藤亮太

ローソク足と指標が
反対に動く現象

オシレーター系のテクニカル指標では、ローソク足とテクニカル指標が反対の動きをする現象（ダイバージェンス）が発生することがある。

例えば、ローソク足が下降トレンドをつくり安値を更新する一方で、MACD線の安値が切り上がっている状態がダイバージェンスだ。一見、どちらの動きを信じるべきか悩んでしまうが、この形が現れた後は株価が上昇に転じやすく、買いサインとされている。

また、売りサインとなるダイバージェンスも存在する。

ローソク足が上昇トレンドをつくり高値を更新する一方で、MACD線の高値が切り下がっている状態だ。このサインが表れた後は株価が下落しやすいと覚えておこう。

トレンドの継続を示す
ヒドゥンダイバージェンス

前述のダイバージェンスはトレンドの転換を示すサインだが、トレンドの継続を示すヒドゥンダイバージェンスというサインもある。

ヒドゥンダイバージェンスの買いサインは、ローソク足の安値が切り上がっている一方で、MACD線の安値が切り下がっている状態だ。このとき、株価は上昇を継続する傾向があるため、買いと判断できる。

ヒドゥンダイバージェンスの売りサインは、ローソク足の高値が切り下がってる一方で、MACD線の高値が切り上がっている状態。このとき、株価は下落を続ける傾向にあり、売りと判断することができる。

これら4つのサインはいずれも似ており、混乱しやすいが、覚えておくと相場の転換・継続を判断することができる。

また、ダイバージェンス・ヒドゥンダイバージェンスはMACDだけでなく、RSI（テクニック137参照）でも現れることで有名だ。こうしたオシレーター系のテクニカル指標を使うときには把握しておきたい。

山高ければ谷深し ▶ 投資格言のひとつ。株価が急上昇したとき、その上昇幅が大きいほど、その後の反落する可能性があることを示している

トレンドの転換を示すダイバージェンス

[左:東京エレクトロン(8035)　日足　2022年6月〜12月
右:三菱UFJフィナンシャル・グループ(8306)　日足　2023年1月〜3月]

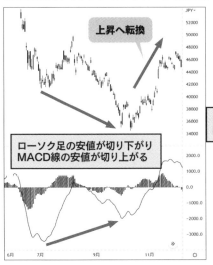

トレンドの継続を示すヒドゥンダイバージェンス

[左:武田薬品工業(4502)　日足　2022年9月〜2023年3月
右:小松製作所(6301)　日足　2022年7月〜9月]

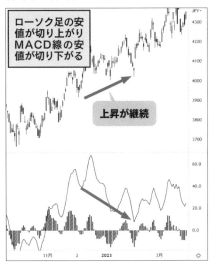

基本 lecture 141
DMIで相場の状態を見極める

伊藤亮太

┃ +DIと−DIのクロスが売買ポイント

DMI（Directional Movement Index）とは、方向性指数と記され、相場の状態を見極めるときに利用される順張り指標である。

当日の高値と安値が前日の高値と安値に比べてどちらが大きいかを基準として相場の強弱を探る。

例えば、前日の高値より当日の高値が高い場合は上昇トレンドであり、前日の安値を当日の安値が下回る場合は下降トレンドであると判断する。DMIでは、相場の上昇と下落の状況を指数化（それぞれ+DI、−DI）、グラフ化することでトレンドを見極めていく。

+DIが−DIを上回る場合、上昇トレンドである状態を示す。+DIが−DIを下回る場合、下降トレンドである状態を示す。+DIが−DIを下から上抜いた場合は買いシグナル、+DIが−DIを上から下抜いた場合は売りシグナルと判断する。

┃ DMIの買いシグナル

[東京電力HD（9501） 日足 2020年10月～2021年2月]

※サインがわかりやすくなるようにADXは非表示にしている

+DIが−DIを上抜け、その後株価が上昇

−DI

+DI

+DI・−DI ▶ +DIは、n期間の+DM（上昇幅）とTR（変動幅）を％でだしたもの。−DIは、n期間の−DM（下落幅）とTR（変動幅）を％で出したもの。n期間は14が多い

移動平均かい離率で急騰銘柄の利益を確定する

個別銘柄の過熱感を見るには移動平均かい離率が効果的

株価は需給のバランスで動くため、好材料が出たときなどに株価が割高な水準まで急騰したり、悪材料が出たときなどに割安な水準まで売り込まれることがある。

割安のときに買い、割高なときに売るという基本に照らせば、急騰・急落した銘柄の株価がどの水準にあるかを見ることが大切だ。

移動平均かい離率はそのために使える指標のひとつ。

かい離率が急激に拡大したときは、いずれ需給バランスが正常化し、株価が適正な価格に戻ると考えて、急騰銘柄を利益確定するのも手。

一方で、急落した銘柄は安く買うチャンスにもなり、リバウンド狙いで買うこともできる。

かい離率の見方

[トヨタ自動車(7203)　日足　2021年9月～2022年7月]

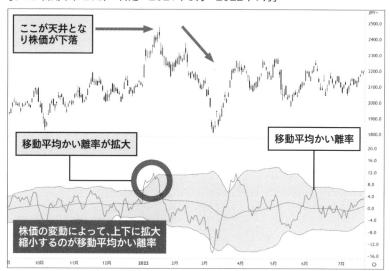

ここが天井となり株価が下落

移動平均かい離率が拡大

移動平均かい離率

株価の変動によって、上下に拡大縮小するのが移動平均かい離率

ADX　　　▶ ＋DIと－DIから計算されたN期間の平均

かい離率ランキングで相場の過熱感を判断

±10%〜30%を超えると大きく反発する可能性が大

移動平均線と価格のかい離率は、ランキング形式で見ることもできる。売られすぎていたり、買われすぎている銘柄を探してトレンドを捉えたり、逆張りポジションをとる際に使うことができる。

順張り目線の場合、移動平均かい離率（25日移動平均線で見ることが多い）が大きいほど、上昇（売りの場合は下落）の勢いが高まっていると判断できる。また逆張りの場合は大きくかい離している銘柄はいずれ調整が入るだろうという判断ができるため、ひとつの目安と考えることができる。

Yahoo！ファイナンスでは、前日にかい離率が高かった銘柄が一覧でわかる。また、かい離率だけではなく、ストップ高銘柄や市場ごとの各種ランキングなどがタイムリーに反映されているので、それを見ながら市場の熱を判断しよう。

かい離率は手軽に調べられる

かい離率とは？

かい離率のイメージ

値動き

値動きと移動平均線からのかい離を％で表したもの

25日移動平均線

かい離率の調べ方

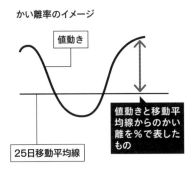

かい離率をチェック！

Yahoo!ファイナンスの高かい離率ランキング（https://info.finance.yahoo.co.jp/ranking/?kd=20）。

ようこりん

応用 technique 144 下降トレンド時のかい離率は判断材料にならない

移動平均線に触れても下がり続ける可能性大

移動平均線に対して価格がかい離した後は、やがてかい離が修正されるといわれているが、これが判断材料となるのは上昇トレンド時のみである。

下図の、1950年に日経平均株価が算出されてから現在までの約70年間のチャートを見てみよう。上昇トレンド時には途中で株価が下がっても移動平均線を超えて下がり続け

ることはない。一方で、下降トレンド時には移動平均線に触れた後も下がり続け、さらにかい離率もバラバラになっていることがわかる。

そのため、下降トレンドにおいては、「かい離率が常に判断材料になる」とは一概にはいえないのだ。

日経平均株価で見るかい離率

[日経平均株価　3カ月足　1980年〜2023年]

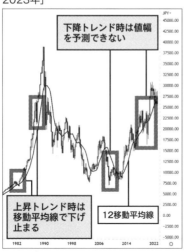

下降トレンド時は値幅を予測できない

上昇トレンド時は移動平均線で下げ止まる

12移動平均線

※図は43年分のチャート

[日経平均株価　月足　2005年〜2023年]

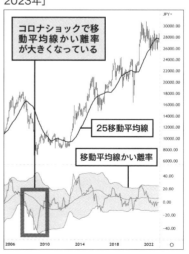

コロナショックで移動平均線かい離率が大きくなっている

25移動平均線

移動平均線かい離率

基本 lecture 145

「売られすぎ」は 騰落レシオで確認する

相場全体の過熱感は 騰落レシオが効果的

騰落レシオは、値上がり銘柄数と値下がり銘柄数を割り算して求める指標。

相場全体における買い方・売り方のバランスを見たり、トレンド転換を掴むきっかけになる。

単位は%で、100%より大きいときは値上がり銘柄数が多く、買い方が強い状態。120%を超えると過熱感があり、相場下落に転じる可能性

があるため、売りのタイミング。

100%未満のときは値下がり銘柄数が多く、売り方が強い状態。80%を割り込んだときは買いのタイミングと考えられている。

安く買いたい銘柄がある場合は個別の銘柄を合わせて市場全体の騰落レシオを確認。大きく下がったときを狙ってみよう。

騰落レシオは100を基準で見る

ニトリHD（9843）　日足　2021年11月〜2022年2月

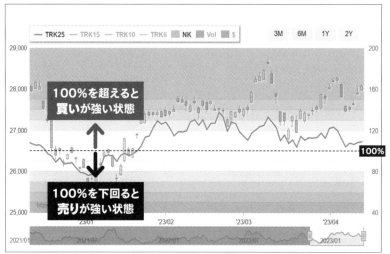

出所：世界の株価と日経平均先物

基本
lecture
146

過熱感を分析できる
RCI

伊藤亮太

より単純な形の
オシレーター系指標

RCIは日付と株価に順位を付け、この2つの間にどれだけの相関関係があるかを表したもの。線は1本だけで、数値は+100%から-100%の間で表される。

使い方は、RCIが80%以上で買われすぎと判断されるため売りサイン。-80%以下になると売られすぎと判断されるため買いサインとなる。

RCIは1本で使用するだけでなく、パラメータを変えて複数本表示することもできる。この場合は、短期線が長期線を上回り、GCを形成すれば買いサインと見ることができる（下図では、パラメータを36と52に設定）。

RCIのゴールンデンクロス

[信越化学工業(4063)　日足　2022年8月〜2023年3月]

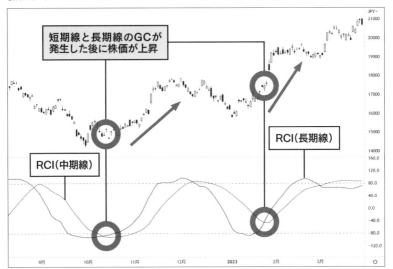

相場全体の傾向がわかる サイコロジカルライン

伊藤亮太

投資家心理を表した
オシレーター系指標

　サイコロジカルラインとは、買われすぎ、売られすぎを％で表したテクニカル指標のこと。

　一定期間内における株価が上昇した日数・下落した日数から、株価の上昇率・下落率を算出する。

　例えば、期間を10日に設定したとき、過去10日間で株価の上昇した日が8日、株価の下がった日が2日であれば、上昇率80％と計算される。反対に、株価の上昇した日が2日、下落した日が8日であれば、下落率80％だ。

　基本的に上昇率が75％を超えると買われすぎと判断され、下落率が25％を下回ると売られすぎと判断される。個別銘柄で検討するというより、日経平均株価のような相場全体の動向を読む際に使うとよいだろう。

サイコロジカルラインと日経平均株価

［日経平均株価（NI225）　日足　2022年5月〜11月］

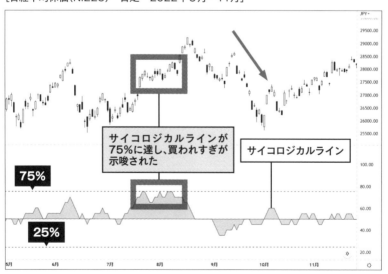

サイコロジカルラインが75％に達し、買われすぎが示唆された

サイコロジカルライン

75％

25％

VWAPを使って その日のトレンドを把握する

VWAPを使って 流れに乗る売買

デイトレードやスキャルピングのような短期トレードに役立つテクニック。

ザラ場中のトレンドを追う場合はVWAPを見てみよう。

VWAPは出来高加重平均取引のことで、わかりやすくいうと日中の取引値を平均したものだ。現在の株価がVWAPの上にあれば短期的にみて買い方優勢、下にあるときは売り方優勢を表す。

短期トレードではVWAPを見ながら取引している人も多く、機関投資家が売買する際の指標のひとつにもなっている。

そのため、VWAPの上で買い、下で売ることで、その日のトレンドに乗った取引がしやすくなる。

直感的で使いやすいため、短期トレードを行う人は活用したいテクニックだ。

VWAPのイメージ

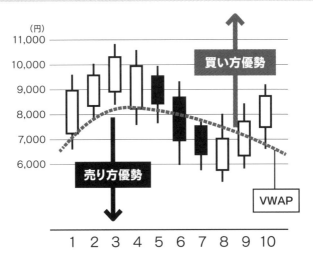

その日の大きなトレンドを知ることができる!

基本 lecture 149 使用するテクニカル指標は複雑にしない

伊藤亮太

取引の根拠を明確にするためのワザ

それぞれの取引スタンスにもよるが、個別株のテクニカル分析は、為替といったほかの金融商品と比較して効きづらい。

とはいえ、日経平均先物やレバレッジETFに関しては多くの人がアルゴリズムによって自動注文をすることが多く、教科書通りの動きが出やすいので、テクニカル分析を参考にしている。しかし、その場合でもローソク足の基本的な形状を見たり、移動平均線のゴールデンクロスなど、多くの人が意識しているポイントだけを見ていくにとどめよう。

チャート上で複数のテクニカル指標で分析すると、取引の根拠を複雑化させてしまい、再現性が薄れてしまう。資金管理さえきちんとできていれば、シンプルなテクニカル分析で十分利益につながる。

応用 technique 150 多くの人が使う指標は信頼度UP！

参考にしている人が多いほど売買サイン通りに動きやすい

基本的にテクニカル指標は見ている人が多いメジャーな指標（移動平均線や出来高など）に注目するのがよいだろう。

参考にしている人が多いほど、指標のサイン通りに売買する人が増えやすく、株価も売買サイン通りに動きやすい。つまり、サインの信頼度が高くなるということだ。

また、サインが多いほど信頼度も高まる。

例えば、ゴールデンクロスだけを見て買うよりも、直近でダブルボトム（テクニック114参照）を付けた、出来高が増えているといったサインが重なっている方がリスクが小さくなる。

トレンドが掴みやすくなる 平均足

伊藤亮太

ダマシが少なく トレンドの把握がしやすい

平均足とは、トレンドの流れの把握に適したチャートの表示方法である。

通常のローソク足の場合、日足であれば1日の値動きを1本のローソク足で表すことになる。その日の寄付の値段が始値となり、ローソク足の実体がつくられる。

一方、平均足の始値は「ひとつ前の期間の始値と終値の平均値」が充てられる。日足の場合、前日の始値と終値の平均値がそのまま翌日の平均足の始値になるのだ。

このように前日の株価を取り入れることで、値動きのブレを抑えることができ、よりダマシの少ないチャートができあがる。下図は、同じ期間のチャートをローソク足と平均足で比較したものだ。平均足は陰線と陽線が連続して表示され、トレンドの把握が容易になる。

ローソク足と平均足

[東京エレクトロン(8035)　日足　2022年9月～2023年3月]

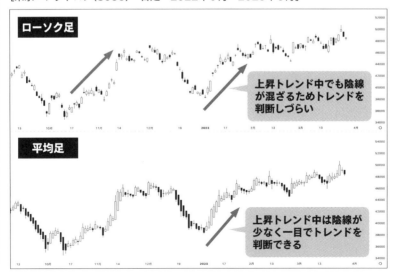

ローソク足
上昇トレンド中でも陰線が混ざるためトレンドを判断しづらい

平均足
上昇トレンド中は陰線が少なく一目でトレンドを判断できる

基本 lecture 152 株予報の「シグナル」ページで割高・割安を判断する

ようこりん

割安・割高を一目で確認できる

テクニック139において、オリエンタルランド（4661）のような銘柄はファンダメンタルズ分析だけでは買いづらいという話をした。1単元あたりの株価水準が高い値嵩株は、どうしてもPERが高くなってしまい、割高感が拭えないからだ。

しかし、そうした銘柄でも割安に買えるタイミングを探す方法がいくつかある。

そのひとつが、株予報というサイトの「シグナル」ページだ。銘柄ごとに、割高・割安を判断できる指標のチャートが表示される。このチャートは0.0〜1.0までの数値で表され、0.8以上が「高値圏警戒」、0.2以下が「底値圏突入」と表示される。目当ての銘柄が「底値圏突入」状態になれば買いを検討でき、「値圏警戒」の状態であれば買いを控えられる。

株予報のシグナルページを活用する

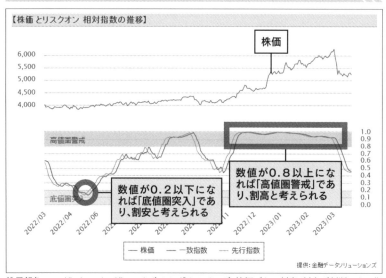

【株価 とリスクオン 相対指数の推移】

数値が0.2以下になれば「底値圏突入」であり、割安と考えられる

数値が0.8以上になれば「高値圏警戒」であり、割高と考えられる

― 株価　― 一致指数　… 先行指数

提供：金融データソリューションズ

株予報（https://kabuyoho.ifis.co.jp/）のシグナルページ。銘柄ごとに割高・割安が判断できる指数が表示される。

MTFで複数の時間足を同時に確認する

基本 lecture 153

平野朋之

上位の時間足で大きな流れを把握する

ポジションを取る時間足だけで相場の状況を確認するよりも、その上の時間足のトレンドを確認したほうがよりトレードの精度が高まる。例えば、異なる時間足でのトレンドが一致している場合、強力なトレンドである可能性が高くなる。複数の時間足で確認することを、マルチタイムフレーム（MTF）と呼ぶ。

下図は、日足チャートに週足チャートを同時に表示したものだ。

週足は高値と安値が切り上がっているため、大きな流れは上昇トレンドと判断できる。その後、日足チャートでより細かなエントリータイミングを探ることが可能となる。

また、ポジションを保有しているときもこの分析は有効だ。大きなトレンドを把握できていれば、赤丸印のような陰線が出現したときも、迷わずポジションを保有し続けることが可能になる。

日足と週足を同時に表示する

[ヤマハ発動機（7272）　日足＋週足　2023年1月〜3月]

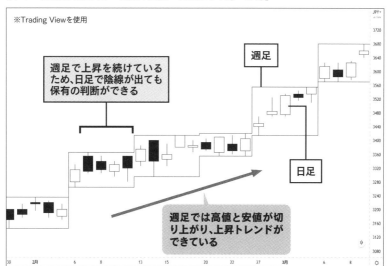

※Trading Viewを使用

週足で上昇を続けているため、日足で陰線が出ても保有の判断ができる

週足

日足

週足では高値と安値が切り上がり、上昇トレンドができている

MTF ▶ Trading Viewで「MTF Candlestick」という無料インジケーターを選択、Time frameを任意の時間軸（上図の場合は週足）にすることで誰でも無料で使用できる

小型株と日経平均株価の値動きを長期チャートで見る

ようこりん

短期間ではなく長期間でチャートを見る

　小型株の株価は、日経平均株価に先行して動きやすい。

　ここで重要なのは、数カ月〜1年単位の短い期間でチャートを見るのではなく、10年ほどの長期チャートで株価を見ることだ。

　例えば、直近10年間の日経平均株価の長期チャートを見てみると上昇トレンドにあることがわかる。しかし、小型株である関東電化工業

（4047）の長期チャートを見ると、移動平均線を超えて株価を下げていることが読み取れる。

　暴落が発生する際は小型株が先行して下落しやすいことから、株価を確認する際には、日経平均株価や持株だけでなく、必ず小型株も併せて見るようにしたい。

小型株は日経平均株価に先行して動く

[関東電化工業(4047)　月足　2012年〜2023年]

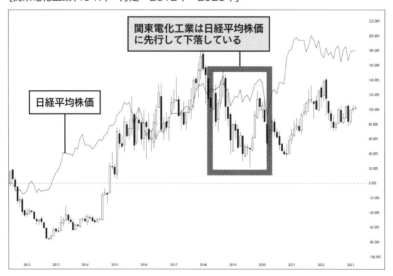

ダウ平均株価の高値・安値で日本株の相場を知る

日本の株式相場に強く影響するアメリカ経済

　ダウ平均株価を見ると、日経平均株価の推移を予測できることが多くある。

　例えば、2020年10月29日のダウ平均株価では安値を付けているが、翌日30日には陽線を出している。一方で、同時期の日経平均株価を見ると、10月30日に安値を付け、11月2日に陽線を出している。この期間のチャートは、ダウ平均株価と日経平均株価の連動を示している。下降相場のとき、ダウ平均株価でアメリカの株価が底を迎えれば、日本の株価も数日後に底を迎えるということなのだ。

　アメリカ経済の影響を強く受ける日本の相場状況を理解するために、日ごろからダウ平均株価のチャートに目を通しておこう。

ダウ平均株価と日経平均株価の推移

[日経平均株価　日足　2020年1月～2023年2月]

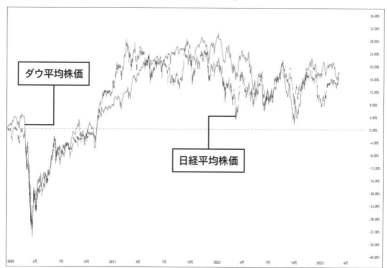

ダウ平均株価　▶ アメリカ経済を代表する30銘柄で構成された株式指数のことで、アメリカを代表する株式市場の重要な指標とされている

VIX指数を見て 買い時を判断する

投資家の恐怖心が高ければ 株が売りに出されやすい

危機が生じるたびに注目される VIX指数。これは恐怖指数とも呼ばれ、投資家が相場の先行きに不透明感を持っているときに上昇する傾向がある。シカゴ・オプション取引所が、S＆P500を対象とするオプション取引のボラティリティをもとに算出している。

平常時、VIX指数は10 〜 20程度であることが多い。危機時など投資家が不安になる要素が発生した場合は指数が30 〜 40となり、株価が大きく下落することが知られている。

そのため、ひとつの目安として、VIX指数が30 〜 40になったら株式を買う、VIX指数が平常時と同様に戻ったら株式を売るといった方法が考えられる。

主に米国株を売買する際に注目しておきたい指標だ。

VIX指数と株価の推移

[VIX指数、S＆P500 週足 2019年9月〜2023年4月]

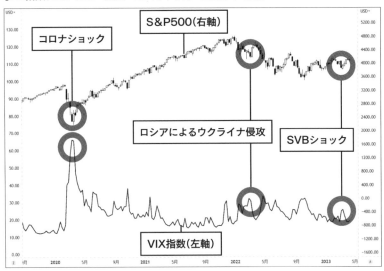

ファンダ メンタルズ

企業決算、四季報の読み方から始まり
PER、PEGレシオといった株価指標、
GDPや雇用統計といった経済指標を解説。
応用ワザとして、中長期的な目線を持てるよう
アメリカなど世界経済の見通し方も紹介。

需給・決算状況・事業テーマが株価上昇のカギ

多くの人から同時に評価されることが急騰の条件

　株が買われる要素はさまざまだが、買われる要素を多く持っている銘柄は、株価が急騰する。

　株式市場で重要視されている要素は、需給、決算状況、事業テーマの３つだ。需給を判断する際は、出来高を見る。仮に株価が上がっても出来高が伴っていなければ、まだ需要が少ないということであり、一時的な上昇で終わる可能性が高い。

　また、新規で買う場合は決算銘柄が重要になるが、単に決算がよいだけではバリュー的評価（割安）かグロース的評価（成長）かわからない。望ましいのは、これからの成長率を伴っていることである。

　そのうえで、その銘柄がテーマに乗っているなら、評価は大きく変わる。人工知能や医療、新エネルギーなどの注目度が高いテーマにひとつでも乗っていると、さらに買いが集まる。

成長率を伴う注目度が高い銘柄を見る

FRONTEO（2158）
日足　2021年9月〜2022年2月

2021年10月

FRONTEOは、人工知能のテーマ株銘柄。2021年10月に上昇トレンドへと転換後、2022年2月以降も高価格で推移を続けていた

FRONTEOの決算実績

出所：みんかぶ

2020年9月期と2021年9月期を比べると、5つの項目（売上高、営業利益、経常利益、純利益、1株益）すべてにおいて上昇しているため、好決算銘柄といえる

基本
lecture
158

決算短信で3カ月ごとの業績を追う

伊藤亮太

上場企業が公開する決算情報を確認

決算短信とは、企業の財務情報や経営状況がわかる書類である。上場企業はこの決算短信を公表しており、内容次第では株価を大きく動かす可能性がある。具体的には、「通期の決算短信」と「四半期ごとの決算短信」がある。四半期ごとの決算短信を確認し、3カ月ごとに業績が上向いているかを確認しよう。また、通期の決算短信には来期の業績予想が示されている。

ただし、自動車、航空、小売業などの業種の業績は景気の左右されやすく、上昇と下降を繰り返しやすい。数値が上下しつつも中長期的に見て拡大しているかを確認したい。

決算短信は、各企業のホームページのほか、日本取引所グループの「適時開示情報閲覧サービス」から確認できる。公表時期は、過去の決算短信の公表日からも推測可能だ。

決算短信に書かれている内容（任天堂の例）

（百万円未満切捨て）

1. 2023年3月期第3四半期の連結業績（2022年4月1日～2022年12月31日）
(1)連結経営成績（累計）
（％表示は、対前年同四半期増減率）

	売上高		営業利益		経常利益		親会社株主に帰属する四半期純利益	
	百万円	％	百万円	％	百万円	％	百万円	％
2023年3月期第3四半期	1,295,178	△1.9	410,541	△13.1	482,580	△6.1	346,227	△5.8
2022年3月期第3四半期	1,320,219	△6.0	472,551	△9.3	513,794	△2.7	367,387	△2.5

（注）包括利益 2023年3月期第3四半期 393,581百万円（2.0％） 2022年3月期第3四半期 385,895百万円（△0.9％）

営業成績
売上高、営業利益、経常利益、四半期純利益などが記載される

		潜在株式調整後1株当たり四半期純利益
	円 銭	円 銭
202□	□05	─
202□	□60	─

※当□□ 年度の期□□□□□ は10株に分割しました。1株当たり四半期純利益については、前連結会計 年度の期首に当該株式分割が行われたと仮定して算定しています。

※半期末は分割前、期末は分割後の金額を記載しています。
※詳細は、本日（2023年2月7日）公表しました「通期業績予想および配当予想の修正に関するお知らせ」を併せてご覧ください。

3. 2023年3月期の連結業績予想（2022年4月1日～2023年3月31日）　**来期の業績予想**

（％表示は、対前期増減率）

	売上高		営業利益		経常利益		親会社株主に帰属する当期純利益		1株当たり当期純利益
	百万円	％	百万円	％	百万円	％	百万円	％	円 銭
通期	1,600,000	△5.6	480,000	△19.0	520,000	△22.5	370,000	△22.5	317.54

（注）直近に公表されている業績予想からの修正の有無：有
※当社は、2022年10月1日を効力発生日として、普通株式1株を10株に分割しました。1株当たり当期純利益については、株式分割後の金額を記載しています。
※詳細は、本日（2023年2月7日）公表しました「通期業績予想および配当予想の修正に関するお知らせ」を併せてご覧ください。

出所：任天堂「2023年3月期第3四半期決算短信」

基本 lecture 159 有価証券報告書で正確な決算情報を得る

伊藤亮太

決算短信の数値が修正された「確定版」

有価証券報告書とは、上場企業などが開示する投資判断に有用な書類である。事業の状況や経営状態を確認でき、投資判断に活かすことが可能となる。

決算短信が、決算日の45日以内に提出される「速報版」であるのに対し、有価証券報告書は提出期日が決算日から3カ月以内と定められている。決算短信の数値が修正された、決算の「確定版」だ。企業の1年間の営業成績や経営指標を正確に把握したい場合に利用する。決算短信と同様に、「四半期ごと」「通期」の2種類がある。

株価は、先に公表される決算短信をもとに変動する可能性が高いものの、企業の状況を正確に把握するためには有価証券報告書を読みこなす必要がある。少なくとも貸借対照表、損益計算書、キャッシュフロー計算書について理解するとよい。

有価証券報告書に記載される3つの財務諸表

貸借対照表

・「資産」「負債」「純資産」の3つが記載されている。
・資産から負債を引くことで企業の持つ実質的な現金を概算できる(テクニック171参照)

損益計算書

・売上高、営業利益、経常利益などがわかる
・特に、企業の収益力を表す純利益(EPS)に注目(テクニック165参照)

キャッシュフロー計算書

企業が何にお金を使っているかが、「営業活動」「投資活動」「財務活動」の3つに分けて記載されている

応用 technique 160

月次決算を公開している企業もある

伊藤亮太

■ 毎月の売上を確認できる

3カ月ごとの決算短信、1年度の総まとめとしての有価証券報告書のほかに、さらに細かく毎月の月次の業績を公開している企業がある。

月次では主に1カ月の売上高を中心に、前月との比較ができるように公表されている場合が多い。なかには対前年比や新規店舗と既存の店舗を分けて売上高の状況を公表している場合もある。こうした月次の状況

がわかることで、より株価は適正水準へと推移していきやすくなる。また、予想との乖離がどの程度あるのか、どの月が繁忙期／閑散期なのかなどもわかるようになる。

一例として、日産証券グループ（8705）の月次開示資料を掲載する。証券会社の業績はその時々の経済情勢に影響されるため、単純な過去の数値との比較は難しいが、決算短信や有価証券報告書の公開前におおよその決算を把握できる。

月次決算（月次業績）の読み方（日産証券グループの例）

2．2023年1月の月次事業指標（速報）

繁忙期／閑散期の把握が可能となる

（月次推移）　　　　　　　　　　　　　　　　　　　　　　　　　（単位未満切り捨て）

	8月	9月	10月	11月	12月	1月
口座数	54,386	54,462	54,413	54,523	54,211	54,369
預かり資産（百万円）	249,092	244,067	248,144	256,212	269,033	272,985
リテール事業	197,616	187,442	196,270	197,688	188,892	196,635
うち投資信託残高	23,847	22,730	23,455	23,228	22,298	22,938
うち外国株預かり残高	12,736	11,781	12,760	12,611	12,995	12,148
ホールセール事業	51,476	56,625	51,874	58,524	80,141	76,350
純金積立預かり残高（百万円）	9,019	9,137	9,289	9,288	9,227	9,337
株式等売買代金（百万円）	20,471	17,143	19,547	22,200	16,099	9,192
リテール事業	20,073	16,688	19,059	21,830	15,806	9,034
うち国内株式等売買代金	17,697	15,032	17,314	20,427	14,653	7,485
うち外国株売買代金	2,376	1,656	1,745	1,403	1,153	1,549
ホールセール事業				488	370	293	158
デリバティブ取引売買高（百枚）				,907	58,510	53,951	58,071
リテール事業				2,464	2,123	2,093	2,289
ホールセール事業	47,557	76,639	85,443	56,386	51,857	55,781

事業ごとに収益の増減がわかる

出所：日産証券グループ「2023年1月の月次業績等（速報）に関するお知らせ」

業績予想は株価に影響を与えやすい

伊藤亮太

■ 業績予想は企業予想と相場予想がある

株価に大きなインパクトを与えるものには何があるか？　何といっても業績が第一であろう。業績がパッとしなければ株価は低迷する。特に、来期の業績予想は株価を動かす大きな要因となるため注目すべき事項である。それでは、来期予想はどこに掲載されているか？　企業が公表する予想は、決算期の決算短信にて確認できる。

例えば、商船三井（9104）の2023年3月期第2四半期の決算短信で、通期の連結業績予想は増収減益予想と公表された。この数字が相場が想定する数字よりも高ければ株価は上昇し、想定外の低い数字であれば株価は下落すると想定できる。また、四季報などの予想数値との比較で株価が変動することもある。ただし、イレギュラーが発生するケースもあるためテクニック166も併せて覚えておきたい。

企業の業績予想と相場の業績予想を比較する

●会社の業績予想は決算短信を見る

3. 2023年3月期の連結業績予想（2022年4月1日～2023年3月31日）

（％表示は、対前期増減率）

	売上高		営業利益		経常利益		親会社株主に帰属する当期純利益		1株当たり当期純利益
	百万円	％	百万円	％	百万円	％	百万円	％	円 銭
通期	1,600,000	26.1	86,000	56.3	800,000	10.8	790,000	11.5	2,187.69

（注）直近に公表されている業績予想からの修正の有無：有

出所：商船三井「2023年3月期第2四半期決算短信」

●相場の業績予想（コンセンサス予想）は投資情報サイトなどを見る

> 株予報Proなどのサイトの相場予想を確認

> 四季報に書かれた会社予想を確認

> 相場予想より会社予想が高ければ株価が上がりやすい

企業の決算発表日を事前に把握する方法

基本 lecture 162

伊藤亮太

株予報を使ってスケジュールを把握

企業の決算発表日が近い株式を探しているときに便利なのが、「株予報」というサイトだ。最新ニュースの一覧や、売買のシグナルが出た銘柄の一覧などが確認できるほか、決算情報をまとめたスケジュールページがある。

名前の通り、決算を発表する企業がカレンダー形式で1日ごとに書かれており、わかりやすくなっている。

過去に決算発表した企業も閲覧できるが、1カ月前までしかデータが残っていないので注意。

また、進捗状況と前期の結果もまとめられている。日付をクリックすると左下に表示される銘柄については、銘柄名をクリックすると別のページに飛び、チャートやPER（テクニック175）などの投資指標、市場コンセンサスも閲覧できる。

株予報でスケジュールをチェック

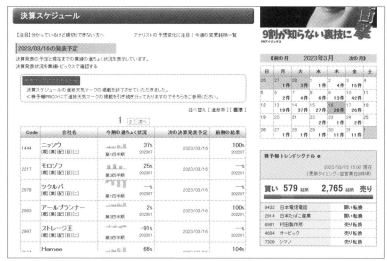

株予報の決算スケジュールページ（https://kabuyoho.ifis.co.jp/index.php?action=tp1&sa=schedule）。決算日ごとに銘柄が掲載されている。

市場コンセンサスで今後の株価の動きを見る

経常利益や株価推移を無料で見る

個別株に対する複数のアナリストの見解を知ることができる「市場コンセンサス」は、今後株価がどのように推移していくかのひとつの目安となる。

Yahoo!ファイナンスが運営する「株予報」では企業の経常利益や今後の株価についての予想を無料で見ることができる。

また、有料ではあるが、東洋経済新報社が発刊する四季報には独自の業績予想が掲載されている。

ただし、業績がよいから株価が上がるわけでなく、業績がよくてもそれが予想どおりだと上がらないことがある。あくまで事前予測されたコンセンサスとの比較が肝。

過去の予想よりも実績の高い会社を探す

伊藤亮太

四季報発売と同時に状況を把握する

上場企業のなかには、業績予想を保守的に見積もり、毎回のように予想を上回る、または予想と同程度になるといった企業が存在する。こうした企業においては、業績の上方修正が期待できるため、株価も堅調となる場合がある。

そのため、まずは過去の企業の業績予想と実績を調べ、その後の株価推移を検索してみよう。ただし、こうした企業のなかには、企業が公表する業績予想ではなく、四季報など第三者が予想する業績が株価に反映されている場合（すでに株価に織り込み済み）といったこともある。

そうした場合は、四季報の発売と同時に状況を把握し、業績がさらに上向き予想となっているときは、すかさず買っていくことで株価上昇の恩恵を受けられる場合がある。

市場コンセンサス　▶　複数の証券アナリストが個々の銘柄について算出している1株あたりの純利益や株価のレーティング予想の平均値

売上高や営業利益と併せて EPS成長率にも注目する

三井智映子

企業の現実的な収益力が把握できる

EPSと　は、「Earnings Per Share」の略で1株当たり純利益を指す。当期純利益（税引き後利益）÷発行済み株式数（自社株は含まない）で算出する。

企業を評価する際に使われる指標のひとつであり、株式投資の収益性を把握することができる。

基本的には数値が高いほど企業の現実的な収益力が高いと考えられており、企業の当期EPSとこれまでのEPSを比較して伸びていれば、その企業は成長していると判断することもできる。

EPS成長率は（当期EPS−前期EPS）÷前期EPS×100で計算でき、増加傾向にある場合は将来的な株価上昇が期待できるとされる。また、PER（テクニック175参照）やROE（テクニック180参照）、配当性向（テクニック039参照）などの重要指標の計算にも利用される。

丸紅(8002)におけるEPS成長率

EPS成長率(%) = （当期EPS−前期EPS）÷ 前期EPS ×100

●丸紅(8002)の場合

2021年3月期EPS　130円
2022年3月期EPS　245円

成長率が高く、株価上昇に期待できることがわかる

（245円−130円）÷130円×100＝約**88%**

応用 technique 166

好決算でも売り・悪い決算でも買いのときがある

伊藤亮太

すでに株価に織り込まれている可能性がある

「決算がよいのに株価が上がらない」「決算が悪かったのに株価が上がる」こうした現象は、多くの個人投資家が疑問に思うところだろう。これは多くの要因が考えられる。

まず、今期の決算自体の状況がすでに織り込み済みであり、来期の予想が株価に反映される場合だ。好材料が出ており、決算発表前に株価が上昇していれば業績が織り込まれていると判断することができる。

ほかにも、業績の上方修正が出たことですでに今期の決算が織り込み済みとなり、決算発表時に株価が上がらない場合もある。むしろ、今期よりも来期の予想が悪化していることにマイナスの反応を示し、株価が下落するといったこともある。

最後は、下図のような業績予想が達成できないと判断されて株価が下がる場合だ。業績予想と実績を比較するという視点も持つとよい。

決算がよいのに株価が上がらなかった例

[ロードスターキャピタル(3482) 日足 2022年9月〜12月]

2023年12月期
第3四半期 発表日

業績自体はよかったが、業績予想の数値を達成できない（＝進捗率が悪い）ことが懸念され株価が低下

暴落後の相場は
高配当・無借金銘柄が生き残る

伊藤亮太

スクリーニングの基準は
生き残る体力があるか否か

リーマンショックなど、過去の下降相場からの教訓として、株価の下落が長期間続いた場合、基本的にどんな業界であっても相場の影響は受けるため、体力のない企業は淘汰されていく。例えば、2020年のコロナショックは、原因が感染症であることから、どの程度影響が長続きするのかという予想は難しかった。この状況で中長期の投資を行うには「今後生き残っていく体力のある企業」を基準にするとよい。

具体的には「会社に現預金があるかどうか」という点を見よう。配当金は会社が稼いだ現預金から支払われるため、現預金が多い会社は配当利回りが高い傾向にある。さらに負債（借金）が少ない（理想は無借金）という条件が整っていれば企業の体力を示す大まかな指標になる。

決算発表後に購入しても
上昇トレンドに乗れる

直後の株価上昇が
5〜10%なら買い

業績を取引の根拠とする場合に覚えておきたいのが、決算発表が市場の空いている時間かそうでないかという点。引け後の発表で好材料が出た場合は翌日の寄付で買われるため、乗り遅れる可能性は低い。

一方、場中に発表された場合は即買われるので、乗り遅れると高値掴みの危険性がある。決算発表後で業績がよい場合、その直後の株価上昇が5〜10%程度ならば上昇トレンドに間に合うことが多い。

決算情報を一覧で見る

出所:TDnet(https://www.release.tdnet.info/inbs/I_main_00.html)

基本 lecture 169

四季報のニコニコマークで スクリーニング

投資範囲を3000社から 100社に絞る

四季報の独自要素である通称「ニコニコマーク」は、四季報の取材記者が予想した営業利益と会社発表の営業利益とのかい離率を表す。

かい離率が3％以上30％未満の場合はニコニコマークがひとつ（強気）。このニコニコマークは、会社が「業績予想を控えめに出している可能性が高い」ことを示唆する。したがって、株価にとって好材料とな

る上方修正を期待できるのだ。

ニコニコマークひとつは毎号100社ほど、ニコニコマーク2つは毎号30社ほどしかないので、このマークに絞って調べればスクリーニングの初期段階として使える。

また、月額料金を支払えば四季報オンラインのスクリーニング機能で「会社予想と東洋経済予想の乖離率（営業利益）（％）」と検索をかけるとニコニコマークと同様の条件で対応する銘柄を探すことができる。

ニコニコマークの見方

右ページであれば右端に表示されている。上段のトーエネックは四季報記者の業績予想と企業の予想が30％以上かい離しているためニコニコマーク2つで表示されている。下段の弘電社はかい離が±3％未満のため表示がない

ニコニコマークは 上方修正期待

実力よりも控えめに業績を発表している可能性が高く、サプライズが期待できる

▼

出所：『会社四季報』東洋経済新報社

買いどきを 判断する指標に！

四季報オンラインの有料会員は急騰銘柄を狙える

月額1100円で先取り情報を入手

開示情報、報道ニュースなどと並んで株価に影響を与える情報元として重要な四季報。紙版でも、定期購読すれば発売日前日に送付されるサービスを行っているため、年4回の四季報発売日には業績予想が修正された銘柄が急騰する「四季報相場」が起こることで知られている。

また、ウェブで閲覧できる「会社四季報オンライン」では、毎月1100円（税込）の有料版（ベーシックプラン）に登録すると、紙版の四季報発売前に一部注目銘柄を先にチェックできる「四季報先取り超サプライズ！」サービスがある。

プレミアムプラン（月額税込5500円）ではリアルタイムの株価、過去の四季報全編公開、プレミアム企業情報ページ、11種類の売買シグナルの表紙、株価のダウンロードができるサービスもある。

四季報オンラインのプランの比較

		ベーシックプラン	プレミアムプラン
株価		20分ディレイ	リアルタイム
スクリーニング		224項目150件まで	976項目300件まで
データ	大量保有速報検索	○	○
	大株主検索	×	○
	株主優待検索	○	○
	四季報アーカイブ	直近4号のみ	○
登録銘柄	ウォッチリスト（登録銘柄機能）チャート	10グループ1000銘柄	20グループ2000銘柄
	マーケット指標	○	○
	業績予想	○	○
	業績	○	○
個別銘柄ページ	企業情報	△	○
	長期業績	△	○
	過去の四季報	直近4号のみ	○
	大株主	×	○
	株主優待	○	○
	時系列	△	○

四季報で会社の現金と時価総額を比較する

伊藤亮太

四季報から企業の余力を把握する

相場や社会情勢が安定した時期には、四季報の売りである「業績予想」が参考になることも多い。

ただ、昨今のコロナ禍においては、予想に反した大きな価格変動が起こることも考えられる。そのため、記事内容を鵜呑みにするのではなく、「黒字の企業」への投資を大前提とし「資産や負債」に関してのスクリーニングを行うことが重要だ。

まず、キャッシュフローの一番下に書いてある「現金同等物」の数字に注目する。この現金同等物から有利子負債を引いた額が、実質的にその会社の現金(余力)として捉えることができる。

そして、この余力を時価総額と比較したとき、余力のほうが大きい銘柄を選択していこう。

会社の余力を把握する

応用 technique 172
暴落時の新興銘柄は 決算持ち越しもアリ

暴落と決算発表の重なりは 持ち越しで上昇を狙う

基本的に決算を挟んだ持ち越しは、値動きが荒れやすいためおすすめできない。特に、新興銘柄のなかでもすでに割高で「グロース株」と呼ばれる成長銘柄は、高値時に決算内容への評価がすでに株価に織り込まれているため、決算で急落することもよく起こる。

ただし、暴落時は少し話が異なる。新興銘柄に限っていえば、株価の下落にある程度業績の悪化が織り込まれているため、実際の決算で悪い業績が発表されても、市場には出尽くしたと考えられ、買われる銘柄が出ることがある（テクニック166参照）。そのため、暴落と決算が重なった場合は持ち越しで上昇を狙うという手がある。いずれにしても、現在の株価がどの水準かによって持ち越しの際の値動きが変わってくるため、それを常に意識しておくとチャンスにつなげやすくなる。

上昇を狙える暴落

[サイバーステップ（3810）　日足　2023年1月～2月]

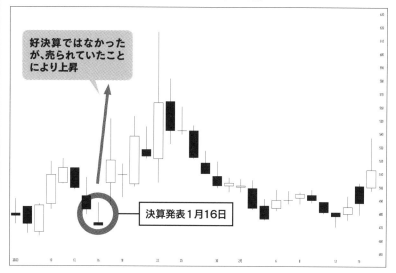

好決算ではなかったが、売られていたことにより上昇

決算発表1月16日

グロース株　　▶ 企業の業績や成長率がよく、上昇が期待できる株のこと

応用
technique
173

同業種の決算が
他社に影響することがある

上方修正は
同業種で連動する可能性大

同業種で決算日が違う銘柄は、すでに決算が出た企業の動向をヒントに、後日決算がある企業の決算を推測できる。例えば、10月1日に道路関連のA社が上方修正したら、10月3日に決算予定の道路関連のB社も上方修正する可能性が高い。また、10月10日に建設関連のC社が原材料高騰の為に利益を圧迫した場合、後日発表の建設関連企業も同様の理由で減益の可能性が高い。

同業種が多く並ぶ東証プライム銘柄で利用しやすいワザだ。1点注意しておきたいのは、仮に決算日の近い3社があり、そのうち2社が先に決算日を迎えどちらも好調だった場合、残りの1社は特に意識されるため、決算日を待たずに買いが集まって上昇するケースだ。この場合、決算発表で買いに入ると高値掴みになる。事前に影響を受けそうな銘柄をグループ化して動向を追おう。

同業種間で影響が出る場合のイメージ

道路関連事業の
A社

10月1日

業績予想を上方修正します！

同業種の
B社

10月3日

うちも業績予想を上方修正します！

**B社の値上がりを狙って
買いのチャンスに！**

大株主の動向で
有望な企業を見つける

株価に敏感で
自信のある会社が有望

　ファンダメンタルズから投資のポイントを探したいときに覚えておきたい。安定的に株価が上昇する銘柄を探すには、「社長や会長が筆頭株主」＋「自社の株式を自社で買い増し」しているような企業を探してみよう。

　ファーストリテイリング（9983）やソフトバンクグループ（9984）などがよい例だが、経営者が筆頭株主に名を連ねている銘柄は、経営者が株価の重要性を意識し、株価対策を講じる場合が多い。

　自社株買い（テクニック184参照）についても、自社の今後の成長への自信から現れる行動だ。

　大株主の変動は、四季報の株主欄や、金融庁が運営するEDINETの「大量保有報告書」などで検索できる。

EDINETで変動を調べる

① 「大量保有報告書」にチェックを入れる

② 期間を指定する

③ 検索窓に何も入力しないまま「検索」ボタンを押すと、該当の銘柄を確認できる

EDINETのトップページ（https://disclosure2.edinet-fsa.go.jp/week0010.aspx）に書類簡易検索の欄がある。

銘柄の割安度がわかる PER

三井智映子

数値が低いほうが割安な銘柄

　PERとは、株価が割安か割高かを判断するための指標で株価収益率（Price Earnings Ratio）のこと。PER（倍）＝株価÷EPS[1]で算出される。EPSの何倍まで買われているかがわかり、利益から見てPERの数値は低いほうが株価は割安と判断される。過去の実績PERと将来の予想PERを比較し、現在の株価が割安かを推測したり、同業他社とPERを比較すると割安な株を探す一助となる。

　PERは業種や相場によって異なることにも注意しよう。2023年2月時点でのプライム市場のPERは15.0倍、スタンダード市場は13.6倍、グロース市場は70.0倍となっている。日本取引所グループでは、各月末時点での規模別・業種別PER・PBR（連結・単体）を毎月第1営業日午後1時に更新している。

規模別・業種別のPER

規模別・業種別　PER・PBR（連結）

Average PER and PBR by Size and Types

市場（規模）ごとに業種が分かれている

業種ごとのPERの平均値がわかる。繊維製品、医薬品、情報・通信業などはPERが20倍を超えており比較的高いとわかる[2]

年月 Year/Month	市場区分名 Section	Section	種別	Industry	会社数 No. of cos.	単純 PER（倍）Average PER(times)
2023/02	プライム市場	Prime	総合	Composite	1,824	15.0
2023/02	プライム市場	Prime	総合（金融業を除く）	Non-Financial	1,712	15.5
2023/02	プライム市場	Prime	製造業	Manufacturi	776	15.2
2023/02	プライム市場	Prime	非製造業	Non-Manufac	936	15.7
2023/02	プライム市場	Prime	1 水産・農林業	1 Fishery, Agricultur	6	11.1
2023/02	プライム市場	Prime	2 鉱業		5	24.3
2023/02	プライム市場	Prime	3 建設業		83	10.8
2023/02	プライム市場	Prime	4 食料品		70	18.2
2023/02	プライム市場	Prime	5 繊維製品		23	21.6
2023/02	プライム市場	Prime	6 パルプ・紙		10	9.4
2023/02	プライム市場	Prime	7 化学		114	14.0
2023/02	プライム市場	Prime	8 医薬品		34	34.7
2023/02	プライム市場	Prime	9 石油・石炭製品		11	3.2
2023/02	プライム市場	Prime	10 ゴム製品		14	10.5
2023/02	プライム市場	Prime	11 ガラス・土石製品		24	12.2
2023/02	プライム市場	Prime	12 鉄鋼		23	9.1
2023/02	プライム市場	Prime	13 非鉄金属		21	7.4
2023/02	プライム市場	Prime	14 金属製品		31	12.5
2023/02	プライム市場	Prime	15 機械		124	17.4
2023/02	プライム市場	Prime	16 電気機器		140	17.5
2023/02	プライム市場	Prime	17 輸送用機器	17 Transportation Equ	50	14.0
2023/02	プライム市場	Prime	18 精密機器	18 Precision Instrum	30	17.3
2023/02	プライム市場	Prime	19 その他製品	19 Other Products	41	13.6
2023/02	プライム市場	Prime	20 電気・ガス業	20 Electric Power &	22	18.8
2023/02	プライム市場	Prime	21 陸運業	21 Land Transportati	38	29.6

日本取引所グループの規模別・業種別PER（https://www.jpx.co.jp/markets/statistics-equities/misc/04.html）。

※1　EPSは当期の予想数値を用いるのが一般的。テクニック165も参照
※2　2023年2月分の結果のうちプライム市場の業種を参照

来期予想から
割高・割安を判断する

割安成長株を探すときに
覚えておきたい

PERとは、銘柄の割安さを把握できる指標で、「株価÷1株あたりの純利益」で算出される。

長期で見る場合、PERなどでの比較は必要だが、バリューとして判断するには成長性も加味することが必要だ。PERは現在の株価と今期の利益を土台に算出されたものにすぎないため、投資家が気にするべき

「将来の株価形成」まで示さない。

新興市場の銘柄にPERが50倍以上のものが多いが、来期の利益予想が今期の5倍と予想されていれば、PERは現在の5分の1になる。来期も現在の株価のままだとPERは10倍の割安銘柄になる。このように、業績や成長性も考えて投資すべきだ。逆に、現在PERが低くても、将来が不安であれば来年には割高になる可能性が高い。

成長性を加味して
割安度を測るPEGレシオ

戸松信博

PERより一層
成長性のある銘柄を探せる

株価の割安度合いを見るにはPERがメジャーな指標だが、成長がない企業なども一括りにされるため、割安と思って買っても株価が上がらず塩漬けになることもある。

反対にPERが割高でも買われる企業もあり、安易に割安＝買い、割高＝売りと判断するのは危険。そんなときは複数の視点で割安度を分析

するのもひとつの手だ。

例えば、PEGレシオはPERを業績成長率で割って算出する株価の割安さを判断する指標で、成長率も加味して銘柄の割安さを判断できる。一般的に1.5以上が割高、1.0以下が割安と認識されている。

単体・連結 ▶ 単体決算とは、子会社などを含めず1社分のみの業績をまとめた決算。連結決算は、子会社などのグループ全体を含めた決算。通常、連結決算を見て判断することが多い

基本 lecture 178 日経平均株価のPERで相場の過熱感を判断する

伊藤亮太

相対的な指標で次なる戦略を練る

相場の過熱感を判断する際に、「日経平均株価のPER」を参考にするという方法がある。

テクニック175で解説したように、もともとPERは「株価÷1株あたりの純利益」で計算され、一般的には個別企業の割安度を判断するために用いられるが、相場全体を見る場合に株価指数のPERを確認することもある。

日経平均株価のPERは、「日経平均株価採用企業225社の平均株価÷今期予想1株純利益」という式で計算される。

多くの場合、日経平均株価のPERは平常時には13〜14倍前後で推移していて、20倍を超えてくると「過熱感のある相場」と判断される。

日経平均株価から過熱感の判断

$$日経平均株価のPER = \frac{日経平均株価採用企業225社の平均株価}{今期予想1株純利益}$$

相場全体の過熱感を見る際に使う

平均	13〜14倍
過熱的な相場	20倍以上

日経平均株価の構成銘柄の予想EPSの合計をもとに算出

日本経済新聞社のサイト「日経平均プロフィル」で日経平均株価のPERが確認できる（https://indexes.nikkei.co.jp/nkave/archives/data?list=per）。

基本
lecture
179

ダウ平均株価の
過去のPERの推移を確認する

伊藤亮太

日経平均株価よりPERが高い傾向にあるダウ平均株価

今後も米国株は伸びるに違いない。そう思いながら米国株投資を行う投資家も多いことだろう。とはいえ、米国株にも上げ下げはあり、高いときに買ってしまっては意味がない。そこで参考となるのが、アメリカの経済指標のPERである。PERの過去の推移を確認しながら、どの辺りの水準で買っていけばよいかを確認しよう。

2017年以降のダウ平均株価の予想PERは13〜27倍程度で推移している。とはいえ、13倍といった低水準になったのは、コロナショックのときのみであり、通常はそこまで低くなっていない。

おおよその目安であるが、15〜18倍以下で買っておけば無難と推測される。日経平均株価の予想PERは13〜14倍が通常のため、ダウ平均株価のほうがPERは高い傾向があることを知っておこう。

ダウ平均株価のPERの推移

[ダウ平均PER　2017年〜2022年]

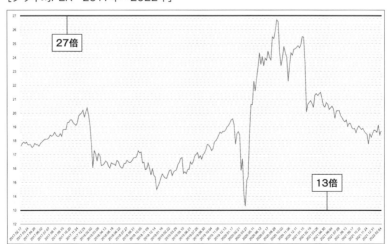

PER（NYダウ・ダウ輸送株平均・ダウ公共株15種平均）の推移とチャート（https://stock-marketdata.com/per-us.html）。

ROEで効率的に稼ぐ企業を探す

伊藤亮太

自己資本に対してどれだけ利益を上げたかがわかる

ROEとは、自己資本利益率を指す。株主が出資したお金に対して、企業がどれだけの利益を上げたのかを示す指標であり、特に外国人投資家が注目するケースが多い。

一般的な目安としては、ROEが10%以上だとある程度効率的な経営ができているとされる。20%以上はかなり高いといえるだろう。

ただし、ROEはあくまで自己資本をもとにした指標。無借金の企業の場合は数字をそのまま鵜呑みにしてもよいが、借金が多い企業は要注意だ。つまり、自己資本が低く他人資本である借入金に多く依存している場合もROEが高くなる傾向があるからだ（もちろん、借入金を利用しうまく経営を行い業績を伸ばしている場合は問題ない）。

こうしたバランスを確認しながら、過去の状況やライバル企業の数値と比較しよう。

ROEから銘柄を選択する

$$ ROE(\%) = 当期純利益 \div 自己資本 $$

ROEランキング

表の見方

市場別： 全国上場

業種別： 全業種 | 水産 | 鉱業 | 建設 | 食品 | 繊維 | パルプ・紙 | 化学 | 医薬品 | 石油 | ゴム | 窯業 | 鉄鋼 | 非鉄金属製品 | 機械 | 電気機器 | 造船 | 自動車 | 輸送用機器 | 精密機器 | その他製造 | 商社 | 小売業 | その他金融 | 不動産 | 鉄道・バス | 陸運 | 海運 | 空運 | 倉庫 | 通信 | 電力 | ガス | サービス

コードまたは社名をクリックすると、株価などの情報が確認できます。ランキングおよび社名はデータ作成時点のものです。その後、共同持ち株会社化などで社名変更した会社については社名をクリックできません。個別の企業ページを見るには、検索ボックスで新社名を検索してください。

1位～50位 | 51位～100位

※ 銘柄フォルダの利用には会員登録とログインが必要です。

更新：2023/3/23

銘柄フォルダ	順位	証券コード	銘柄名	自己資本利益率 (%)	業種	決算期
追加	1	3807	フィスコ	155.56	サービス	2021/12
追加	2	5834	ＳＢＩリーシ	133.51	その他金融	2022/3
追加	3	9107	川崎汽	116.51	海運	2022/3

日本経済新聞のROEランキング（https://www.nikkei.com/markets/ranking/page/?bd=roe）。こうした銘柄から無借金のものを探せるとよい。

ROAで資産を活用できている企業を探す

伊藤亮太

総資産に対してどれだけ利益を上げたかがわかる

ROAとは、総資産利益率を指す。企業の総資産を利用してどれだけの利益を上げられたかを示す指標であり、ROAの数値が高いほど総資本に対して効率よく利益を上げていることを示す。

そのため、ROAの高い企業から投資先を選択するのも一手だ。一般的に、5％以上のROAであると優良企業とされる。

ただし、注意点がある。ROAは総資産をもとに計算される。総資産には自己資本のほか、借入金などの他人資本も含まれるため、多額の負債を抱えていても利益を多く出していればROAは高くなる傾向にある。

また、工場など大規模な設備投資が必要な業種の場合、ROAは低くなる傾向にある。

そのため、ROEなどほかの指標も組み合わせて検討していく必要がある点に注意したい。

ROAの計算式とROAが高い企業の特徴

$$\text{ROA(\%)} = \text{当期純利益} \div \text{総資産}$$

経費を削減している

経費を削減することで当期純利益の増加につながり、ROAが上がる

借入金や買掛金を返済する

負債を減らすことで資産規模が圧縮され、ROAが上がる

不要な資産を売却する

不要な不動産や設備を売却することで資産規模が圧縮され、ROAが上がる

➡ 負債が多くても利益を上げていればROAが高くなるため
負債の有無も確認する

海外企業と比較するときは EBITDAに注目する

伊藤亮太

国際比較をしたいときに使える指標

EBITDAとは、金利支払い前、税金支払い前、有形固定資産の減価償却費及び無形固定資産の償却費控除前の利益を指す。シンプルに表現すれば、営業利益に減価償却費を加えたものだ（実際の算定式は複数ある）。簡易的な営業キャッシュフローベースの利益を示し、いかに稼いでいるかを比較できる。

税引き前などの利益が指標として用いられる理由は、各国の違いを考慮するためである。国によって金利水準や税率、減価償却の方法が違うため、企業の国際比較を行えるようにするためにこうした費用が引かれる前の利益が利用される。グローバル企業など海外投資家が注目する企業同士の比較では有効となるものの、国内の投資家が大半を占めるような企業の株価にはさほど影響を与えない可能性がある。海外投資家が注目する企業で利用したい。

EBITDAのイメージ

利益に減価償却費を含めるのか、含めないのか、国によって考え方が違う

課題

日本企業と外国企業の収益力を比較しづらい

EBITDA

税金や金利を引く前、かつ減価償却費を考慮した計算に統一

メリット

円をドルに換算することで比較が用意になる

EBITDA（日本企業の場合） ＝ 営業利益 ＋ 減価償却費 → 海外の投資情報サイトでも確認が可能

応用 technique 183

割安な海外企業がわかる EV／EBITDA倍率

伊藤亮太

企業価値（事業価値）と比較した指標

EBITDAをもとに企業価値評価を行ったり、M＆Aの際の指標として用いられるのがEV／EBITDAだ。EVとEBITDA（企業価値、事業価値）を比較することで、その企業の価値が収益の何倍なのか、収益力に対して割高なのか割安なのかを判断しやすくなる。

EBITDAは、予想数値を使う場合と実績数値を使う場合がある。予測数値がある程度正確な場合には予想数値を使えばよい。実績を重視するなら過去の平均値などを使用すればよいが、将来への期待が織り込まれていないため、あくまで目安として捉える程度にするとよいだろう。

注意点は、EBITDAがマイナスとなる場合は比較が難しいことと、いつ時点のEBITDAを使うかによって評価が異なってくる場合があること。EBITDAの変化を追いながら参考にするとよいだろう。

EV／EBITDA倍率の計算例

●A社の場合

- 時価総額：15億円
- 有利子負債：3億円
- 現預金：2億円
- EBITDA：2億円

(15億円＋3億円－2億円)÷2億円
＝16億円÷2億円
＝8（倍）

同業他社と比べて数値の低いほうが割安と判断できる

B社

EV／EBITDA倍率が **6倍** のとき

A社よりB社のほうが割安と判断できる

EV ▶ 企業価値や事業価値のこと。株式の時価総額＋有利子負債－現金及び現金同等物＋少数株主持分により計算される

自社株買いは
株価が上がる可能性が高い

■ 割安・上昇期待の
ダブルチャンス！

これは、企業の動きをいち早くキャッチして儲けるテクニック。

企業の内部情報を一番握っている企業自身が、自社の株価が市場において低く評価されていると考えている場合、自社株買いを実施することがある。

このような自社株買いが行われた際は、一般の投資家もよい企業の株を安く買うことができるチャンスであり、需給状況の改善やPERなど各種指標の向上から今後株価が上がることが期待できる。

こうした理由から自社株買いは好材料とされることが多く、株価が上がる要因のひとつとされていることを覚えておこう。

自社株取得銘柄は株マップ.comで調べられる

株マップ.COM						
TOP	マイページ	銘柄探し	銘柄分析	市場分析	外国為替	投資信託	遊ぶ

株マップ.comトップ > 市場分析 > 適時開示情報一覧

TDnet 適時開示情報（カテゴリー：自己株取得）

[全て | 決算短信 | 業績予想修正 | 配当予想 | 予約権発行 | 自己株取得託 | 開示資料訂正 | PR情報 | 異動]

任意のキーワードで検索

my株で決算速報分析を見る>

2022/01						
月	火	水	木	金	土	日
					1	2
3	4 (50)	5 (71)	6 (41)	7 (25)	8	9
10	11 (14)	12 (9)	13 (8)	14 (13)	15	16

2022/02						
月	火	水	木	金	土	日
	1 (107)	2 (25)	3 (37)	4 (37)	5	6
7 (28)	8 (20)	9 (23)	10 (45)	11	12	13
14	15	16	17	18	19	20

株マップ.com（https://jp.kabumap.com/servlets/kabumap/Action?SRC=tdNet/base&catg=09）では直近1カ月の間で自社株買いをした銘柄を調べることができる。

大衆の好奇心を煽る情報源をチェックする

リスク大

テレビやYouTubeで一般受けする銘柄を予測

株価は企業の商品に対して、人々が好奇心を抱くと上昇する。2020年はコロナによって外出を制限される期間が長かったため、自宅で食事をする回数が増え、消費者の間では料理の幅を広げるために高品質な家電を使おうという傾向が強まった。

2020年12月に上場した高級家電メーカーのバルミューダ（6612）は、上場直後から右肩上がりを続け

た。顧客ニーズにマッチした商品を提供していることに加えて、一般投資家の間での知名度が高いことが理由に挙げられる。老若男女に広く知られている企業は伸びるため、テレビやYouTubeなどのメディアにアンテナを張っておこう。

ただし、こういったメディアによって株価が変動する銘柄は、上昇が一過性の場合が多い。株価は最終的には業績に集積するため、ほどほどで手仕舞いするとよいだろう。

注目されると一過性の上昇を見せる

［バルミューダ（6612）　週足　2020年12月〜2023年3月］

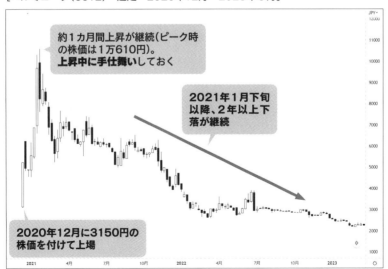

約1カ月間上昇が継続（ピーク時の株価は1万610円）。上昇中に手仕舞いしておく

2021年1月下旬以降、2年以上上下落が継続

2020年12月に3150円の株価を付けて上場

日本国内の押さえておくべき重要指標は３つ

伊藤亮太

経済規模、景気動向と物価の３つに注目

国内における経済指標は数多くあるが、最低限押さえておくべき指標は３つある。

ひとつ目が、日本の経済規模を示すGDP（国内総生産）だ。四半期、年（年度）単位などで公表されるが、継続して増加傾向にあるかどうかを確認していく必要がある。２つ目が、景気動向指数である。景気動向指数には「先行指数」「一致指数」「遅行指数」の３種類があるが、特に注目したいのが先行指数だ。先行指数は先行き６カ月程度の状況を示すものであり、先行指数が上向いていれば先行きは明るい兆しが見えると捉えられる。

３つ目が、物価指数だ。私たちの生活に直結し、金融政策にも影響を及ぼす消費者物価指数に注目しよう。確認すべきポイントは、前年や前月と比べて物価が上昇傾向にあるのか、そうではないのかだ。

注目すべき３つの日本の経済指標

GDP（国内総生産）	・日本の経済規模を示す指標 ・前期に比べて上昇していれば景気が上向いている ・毎年２、５、８、11月に発表される
景気動向指数の先行指数	・複数の景気指標をもとに景気の動向を算出する指標 ・先行指標が上昇していれば今後景気が上向く可能性がある ・毎月上旬に発表される
消費者物価指数	・モノやサービスの価格動向を示す指標 ・急激な増加は家計を圧迫し景気を低迷させる可能性がある ・毎月第３金曜日に発表される

米国雇用統計で アメリカの景気を探る

伊藤亮太

世界でも注目され 株価への影響が大きい

米国雇用統計は、世界で最も注目される統計指標である。なかでも、「非農業部門雇用者数」と「失業率」に注目が集まる。

非農業部門雇用者数は、農業部門以外の雇用者の増加・減少を示すものであり、増加傾向にあれば景気は上向きと想定できる。失業率は、労働力人口に対する完全失業者の割合で示される。

この2つの指標は、特に事前の予想とどの程度差があるかに注目される。仮に予想よりもよい数字となれば、米国株価上昇、ドル高円安といった状況が生まれる。アメリカ経済が順調であれば、結果、世界経済にもプラスの影響として反映されることになるため、日本株なども上昇するひとつの理由になりえる。

毎月第一金曜日前後に発表され、短期売買の投資家ほど大きな影響を受ける指標となる。

アメリカの非農業部門雇用者数と失業率の推移

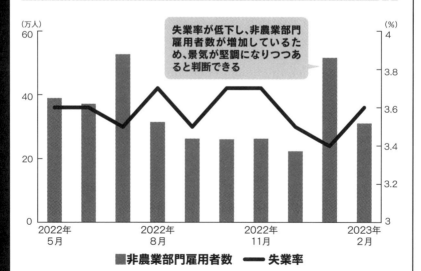

失業率が低下し、非農業部門雇用者数が増加しているため、景気が堅調になりつつあると判断できる

■非農業部門雇用者数　—失業率

出所：米国雇用統計

先物の動きで
株価の流れが読める

▌東証より先に始まる
先物相場の動きをチェック

　日経225先物と日経225miniの取引時間（大阪取引所・日中セッション）は8時45分からスタートする。

　15分ではあるが東証のザラ場よりも早く始まるため、その日の地合いや値動きの方向性を見る上で参考になる。

　また、当日の朝5時30分に閉まるナイトセッションの終値も併せて確認しておくとよい。

　さらに、先物が大きく動くなど日経平均株価との差が開いている場合は、その理由や背景を調べることも大切。

　基本的に日経平均株価などの指数は、先物との価格差を埋める動きをするため、日経225先物が大きく値上がりした場合は日経平均株価に寄与度が高い銘柄を取引するなどして対応しよう。

取引開始時間の違い

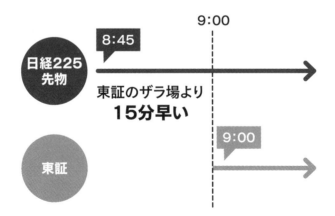

9:00

8:45

日経225
先物

東証のザラ場より
15分早い

9:00

東証

先物が大きく動くようであれば、その日の
値動きの方向性がわかる

日経225先物
日経225mini

▶ 日経225先物は、日経平均株価指数を対象にした先物取引。また225miniは、日経225先物の取引単位を10分の1にして、少ない費用で取引できるようにしたもの

応用 technique 189

株価に影響を与える メジャーSQ・マイナーSQ

伊藤亮太

大口の注文が動き 株価が変動しやすい

SQとは、日本語で特別清算指数と呼ばれるもの。日経225先物やTOPIX先物といった株価指数先物取引を、最終的な決済期日において決済するための清算価格を示す。

値段（SQ値：清算価格）が決まる日のことをSQ日といい、日経225先物だと毎月第2金曜日がSQ日と決められている。このうち、3月・6月・9月・12月の第2金曜日がメジャーSQ、それ以外の月の第2金曜日がマイナーSQと呼ばれる。

取引の最終期日であるSQ日までに反対売買で決済されなかった建玉は、SQ日にSQ値で強制的に決済される。そのため、大口の売りや買いが出ることで株価に大きな影響を与える可能性がある。SQ日は寄付前に売買注文が膨らみ、気配値が大きく上下することがあるが9時には正常な気配値へと戻る。

2023年のSQ日の予定

アメリカ（NYダウ先物）のSQ日は、毎月第3金曜日の翌営業日

日本	アメリカ
5 月12日	5 月19日
6 月9日	**6 月16日**
7 月14日	7 月21日
8 月10日	8 月18日
9 月8日	**9 月15日**
10月13日	10月20日
11月10日	11月17日
12月8日	**12月15日**

SQ日（特にメジャーSQ日）には株価が乱高下しやすい

▼

事前にポジションを手仕舞うなどの対策を取るとよい

※太字はメジャーSQ日

応用 technique 190

重要指標の発表前は買いが入りづらい

値動きが不安定になりやすいタイミングは様子見

イベント前や重要指標の発表日前は様子見する人や手仕舞い売りが増えやすい。

イベントとは、米大統領選挙などがわかりやすいが、大型連休、法案の提出や通過も市場に影響する。また、個別銘柄は四半期ごとの決算前に株価が不安定になりやすい。

イベントの結果次第では大きな下落に巻き込まれることもあるため、ポジションを減らす、新規ポジションを取らない、空売りポジション・インバースETF・先物で売りポジションをつくるなどで買いポジションのリスクヘッジをしておきたい。

定期的なイベントとしては、毎月の米国雇用統計（第1金曜日）とマイナーSQ（第2金曜日）、FOMCの声明発表、のメジャーSQ（3、6、9、12月の第2金曜日）がある。

覚えておきたい経済指標・イベント

イベント名	開催日
米国雇用統計発表	毎月第1金曜日
FOMC声明発表	年8回
日銀金融政策発表	年8回
マイナーSQ	第2金曜日
メジャーSQ	3、6、9、12月の第2金曜日
国内総生産（日本）	年4回
日銀短観	年4回（4、7、10月の月初、12月中旬）
景気動向指数	毎月
米国内総生産	年4回
中国PMI（製造業購買担当者景気指数）	毎月上旬
ユーロ圏失業率	毎月上旬

国内総生産は二次速報より一次速報を重視

米国内総生産は速報値・改定値・確報値のうち速報値を重視

インバースETF ▶ TOPIXや日経平均株価などの原指標の変動率に一定の負の倍数を乗じて算出される「インバース型指標」に連動するETF

経済指標は名目値と実質値どちらを見るべき？

応用
technique
191

伊藤亮太

今後の日本では実質値での確認がよい

GDPには、名目値と実質値という2つの種類がある。どちらを重視するべきかは、「何と比較するか」により異なる。例えば、単純に推移を確認したい場合には名目値を見ればよい。名目値は実際に相場で取引されている価格にもとづいて計算・推計された値が該当する。

一方、物価の上昇・下落分を除いた、数量的な規模を示す値が実質値である。国際比較や過去との比較を行う場合や物価の変動が激しい場合には、実質値を確認すべきである。

これまで、日本ではデフレに伴い名目値よりも実質値が高くなる傾向があった。今後はインフレに伴い、名目値が高く実質値が低くなる可能性がある（例えば、物価が上がっても賃金が上がらなければ実質賃金は下落する）。そのため、物価変動分を取り除く実質値で確認するほうが実情を把握できる可能性が高い。

名目値と実質値の違いの例

物価が50%上昇

100円
（10年前）

150円
（現在）

| 名目値 | 物価の変動を考慮しないため、物価が上がれば名目値が上昇する |
| 実質値 | 物価が上昇しても実際の取引量が増えないと数値は増加しない |

➡インフレの場合、実質値での確認で実情を把握できる

基本 lecture 192
日銀金融政策決定会合でわかる株価動向

発表時間によって今後の動きに影響

大きな株価の流れを把握したいときに覚えておきたいテクニック。

多くの銘柄に影響を与える日銀の政策発表。発表される時間は決まっていないが、基本的には日中の正午前後に行われることが多い。

だが、政策金利が現状維持の場合は失望売りへの懸念からか、後場が始まる前後の発表が多い。

過去に一度だけ13時に発表され

たことがあり、そのときは相場が大きく荒れた。

また、瞬間的に600円ほど上昇したマイナス金利発表が12時50分であったように、相場に大きなインパクトを与える可能性が高い発表がある場合は、後場の開始前後のケースが多い。

リアルタイムで発表を見る方法

日本経済新聞が運営する日経チャンネル(https://channel.nikkei.co.jp/)。記者会見の要点なども確認できる。「日銀」で検索すると上記画面になる。

マイナス金利 ▶ 民間の金融機関が中央銀行（日銀）にお金を預けた際、預金金利を徴収される制度。民間の金融機関が、資金を融資や投資に回すことを促すことが目的

基本 lecture 193 FOMC・ECBの政策金利 発表翌日の値動きをチェックする

特に銀行は影響を 受けやすいので注意が必要

FOMCやECB（欧州の中央銀行）など、欧米の中央銀行の政策金利決定は日本にも大きな影響がある。

というのも、日本市場における海外の機関投資家の比率は6割以上を占めており、彼らの在籍地のほとんどが欧米である。

したがって、欧米の機関投資家である銀行などが資金を借りる際には、FOMCやECBの政策金利に左右されることになる。

結果、日本市場に多大な影響を与えることになるため、FOMCやECBが政策金利の変更を示唆、または発表した日は、銀行株の値動きに注目してみるとよい。今後の世界市場の動向を反映している可能性が高いので注意しておこう。

FOMC翌日の銀行株の値動き

[三井住友フィナンシャルグループ（8316） 日足 2022年8月〜11月]

FOMCまで価格は高騰していた

翌日から下落

FOMC開催

FOMC ▶ アメリカの金融政策のひとつで公開市場操作の方針を決定する委員会。今後のアメリカの金融政策が予想できる。年8回開催

応用 technique 194
IMFから世界経済の見通しを確認する

伊藤亮太

IMFのサイトをもとに運用対象国を見直す

今後、世界においてどのような国が伸びるのか？ この国は伸びると信じ、そのまま何も考えず継続して積立て投資を行う。

一見よさそうにも見えるが、将来のことは誰もわからない。以前もてはやされたBRICsがその典型的な失敗例といえるかもしれない。むしろ、アメリカや日本株を買っていたほうが収益率は高まったことは誰し

も知っていることである。

それでは、どのように伸びしろを判断していけばよいか？ そのひとつとして、IMF（国際通貨基金）が発表する「IMF世界経済の見通し」を確認することをおすすめする。

IMFは定期的に世界経済の見通しを公表している。また、各国・各地域の成長率の予想も公表している。成長率が安定しているまたは、右肩上がりに上昇している地域を投資対象国として選択するとよいだろう。

IMFのホームページで成長率など世界経済の見通しを確認

(実質GDP、年間の%変化)	推定	予測	
	2021	2022	2023
世界GDP	5.9	4.4	3.8
先進国経済	5.0	3.9	2.6
米国	5.6	4.0	2.6
ユーロ圏	5.2	3.9	2.5
ドイツ	2.7	3.8	2.5
フランス	6.7	3.5	1.8
イタリア	6.2	3.8	2.2
スペイン	4.9	5.8	3.8

IMF（国際通貨基金）のホームページ(https://www.imf.org/ja/Home)ではIMF世界経済見通しを確認できる。また、ホーム画面の出版物の欄から各資料にアクセスでき、世界経済の成長率予測なども見ることができる。

BRICs　　　▶ ブラジル、ロシア、インド、中国、南アフリカの総称。豊富な労働力と巨大な市場を基盤として、経済発展を続けている

これから伸びそうな国・地域を探す

応用 technique 195

伊藤亮太

人口が多い国の経済成長に期待

株式や投資信託で投資を行う場合、中長期的に見て伸びしろのある国や地域、企業に投資を行う必要がある。それでは、これから伸びる国・地域は一体どこなのか？

PwC発表のレポート「How will the globaleconomic order change by 2050 ？」によると、2030年にはGDP 1 位は中国、2 位がアメリカ、3 位がインド、4 位が日本、5 位がドイツ、2050年にはGDP 1 位は中国、2 位はアメリカ、3 位はインド、4 位はインドネシア、5 位が日本と予測されている。単純に考えると、インド、インドネシアが経済大国として一気にのし上がってくると想定されている。人口が多く、若い国は伸びしろがあろう。必ずしもこうなるとは断定できないが、10年単位で見た場合に、インド、インドネシアは伸びる可能性が高いといえるだろう。

PwCのホームページから成長しそうな国・地域を探す

130%
Cumulative global GDP growth between 2016 and 2050

20%
China's projected share of world GDP at PPPs by 2050

2nd
India's global GDP ranking at PPPs by 2050 (behind China but ahead of the US)

9%
EU27's share of global GDP at PPPs by 2050 (excluding UK)

Key findings

This report sets out our latest long-term global growth projections to 2050 for 32 of the largest economies in the world, accounting for around 85% of world GDP.

Key results of our analysis (as summarised also in the accompanying video) include:

- The world economy could more than double in size by 2050, far outstripping population growth, due to continued technology-driven productivity improvements
- Emerging markets (E7) could grow around twice as fast as advanced economies (G7) on average
- As a result, six of the seven largest economies in the world are projected to be emerging economies in 2050 led by China (1st), India (2nd) and Indonesia (4th)
- The US could be down to third place in the global GDP rankings while

World in 2050

60 second update from PwC's Chief Economist John Hawksworth on the long term outlook for global growth.

PwCホームページでは、世界経済についての長期的な予測が示されている（https://www.pwc.com/gx/en/research-insights/economy/the-world-in-2050.html）。

PwC　　　▶ ロンドンを拠点として、世界157の国で関連会社を展開しているコンサルティングファームのこと

基本 lecture 196

情報収集のために使えるサイト

三井智映子

相場・個別銘柄ごとに使えるサイト

　足元のファンダメンタルズについて知るためにはBloomberg、ロイター、Investing.com、日本経済新聞は王道だと考える。チャートツールのひとつであるTreading Viewでは、株価指数、為替、ビットコインといった相場の値動きを一度にチェックできる。前日のアメリカ相場を見える化してくれるFinvizや、FOMCの利上げの確率を予想するCME FedWatch Toolも活用できよう。

　個別銘柄を調べる際は「会社の事業や強み、強みが最新の業績数値に反映されているか、今期予想、中期的な成長シナリオと株主還元への考え方」などを知る必要がある。そこで、Yahoo！ファイナンス、みんかぶなどの株式情報などが役立つ。また、"推せる"アナリストを探して情報を受け取ることも相場観を養うことや手法の確立につながる。

多数のサイトを活用して情報を集める

相場全体の動きを知る

【ニュースサイト】
- Bloomberg
- ロイター
- Investing.com
- 日本経済新聞

【チャートツール・その他】
- Trading View
- Finviz
- CME FedWatch Tool

個別銘柄の動きを知る

【投資情報サイト】
- Yahoo！ファイナンス
- 会社四季報オンライン
- みんかぶ
- MONEY PLUS
- 株マップ.com
- フィスコ（アプリ）
- トレーダーズ・ウェブ
- モーニングスター
- アセットアライブ

税金

株式投資で得た利益には税金がかかるが
実は税額を減らし手元の利益を残す方法がある。
こうした節税ワザは、口座の種類や
その人の所得によって異なる。
ここでは、まず押さえるべき節税ワザを9つに絞って解説。

所得税率が高い人は配当金を「申告不要」にするとよい

最大55%の税率を約20%に抑える！

配当金は、支払い時に源泉徴収されるので、確定申告をしない「申告不要」を選ぶことができる。

このテクニックを使って最もお得なのは「所得税率が高い人」。

所得税率は累進課税方式を採用しており、所得が一定数を超えるごとに税率が引き上げられていく。例えば、所得が4000万円を超えると超えた分に対して税率は55%（所得税45％＋住民税10％）である。なお、所得税率は45％が最大だ。

こうした所得税率の高い人が、「申告不要」を選択すれば、所得税率が高くても配当にかかる税率を一律20.315％にすることができ、税金の節約につながる。配当金を多く残しておきたい人は活用したいテクニックだ。

ただし、「申告不要」を選択した場合は「配当控除」を受けられないというデメリットがある。

「申告不要」で税率がお得になる

「申告不要」を選択しない場合

配当にかかる税率は最高で **55%**（所得税＋住民税）

「申告不要」を選択した場合

配当にかかる税率は一律 **20.315%**

メリット
所得税率が20.315％より高い人であれば、申告不要を選択することで税率が低くなる

デメリット
配当控除（配当金を受け取ったときに得られる控除）が適用されなくなる

知っておきたい！
住民税は一律10％。所得税は330万円超694万9000円の範囲から20％になるので実質30％になる。配当金で判断するラインはココ

所得税率 ▶ 日本の超過累進課税制度は7段階（5〜45％）に分かれている。超過とは金額が一定額を超えた場合、それぞれの金額に適用する税率をかけて控除額を差し引く制度

確定申告で「総合課税」を 選択するとよい人

所得が330万円以下 の人に有効！

給料や配当を含めた課税所得が330万円以下の人（所得税率10％）や、夫の配偶者控除などの適用を受けている人で、譲渡益や配当以外に所得がなく、株の利益や配当所得などの合計が38万円以下の人（専業主婦など）は、確定申告を行い「総合課税」を選択しよう。

総合課税とは、ほかの所得と合算し、税金を算出する制度。上場株式などの配当などにかかる税金は「累進税率」で計算されるので、「申告不要」よりも税率が低くなる。

また、総合課税では「配当控除」を利用できる。国内株式では、通常、法人税がかけられた後の利益から株主へと配当が渡される。ここに所得税がかかると二重課税になってしまう。配当控除は、この二重課税を解消できる制度だ。

損益通算で 支払う税金を少なくする

インカムゲインと キャピタルゲインを損益通算

上場株式等を売却したことで譲渡損が発生してしまった人は、このテクニックを使って、譲渡損とその年分の利子や配当などと損益通算をしよう。

損益通算とは、その口座内において株式などの投資の利益（譲渡益や配当など）と損失を相殺し、税金を減らすこと。

方法は2つあり、①証券会社に処理してもらう※、②譲渡損が発生した年度に確定申告を行い、配当所得につき「申告分離課税」を選択する、だ。なお、NISA口座では、特定口座などほかの口座との損益通算を行うことはできないことを覚えておこう。

※年始に最初の取引を行う前に、「特定口座（テクニック202参照）」の「源泉徴収口座」を選択し、配当金の受取り方法で「株式数比例配分方式」を選択

基本 lecture 200 売却損がある人は 「申告分離課税」を選択する

累進課税の総合課税に対して 申告分離課税は税率が一定

証券口座開設の際に「特定口座」を開設し、「源泉徴収アリ」を選択していなかった場合でも、課税所得が330万円超で所得税率が20％以上の人は、確定申告を行い「申告分離課税」を選択しよう。株式の配当とそのほかの所得を分離して納税できるので、配当にかかる税率は20.315％となり、「総合課税」よりも税率を低くすることができる。

また、「申告分離課税」では、配当所得と上場株式等の譲渡損失との損益通算ができるため、天引きされた税金を取り戻すことができる。

申告分離課税で損益通算

配当金があり、株やETFで売却損がある人は
確定申告で「申告分離課税」を選択

↓

**配当金と、売却損を損益通算して
天引きされた税金の還付が可能に**

基本 lecture 201 利益が20万円以下であれば 口座は源泉ナシを選択

納税が必要かは 「利益20万円」が目安

サラリーマンなどで、ひとつの企業からの給与所得が2000万円以下、かつ副業などによる収入がなく、株や投信の譲渡所得の合計が20万円以下になりそうな人は、「特定口座」で源泉徴収をしない「簡易申告口座」を選択しよう。

これは、特定口座で源泉徴収アリを選択した場合、20万円以下の譲渡所得でも税金が源泉徴収されてしまうが、本来は利益が20万円以下なので、税金を払う必要がない。

このテクニックを使えば、確定申告も不要で、税金を最大約４万円節税できる。

特定口座　　　▶ 証券会社が株取引のために用意した口座。証券会社が年間取引書作成や納税などを代理で行ってくれる

特定口座で源泉アリでも確定申告はできる

確定申告を行って繰越控除を受けられる

「特定口座」で「源泉徴収アリ」を選択し、「申告不要」となっている人でも、確定申告を行うことができる。

上場株式等の譲渡損の繰越控除を行いたい人は、「源泉徴収アリ」を選択していても、3年間連続で繰越控除確定申告を忘れずに行うことが大切だ。

なお、「特定口座」の「源泉徴収アリ」で繰越控除の申告は忘れていたが確定申告自体は行っていると「申告不要」を選択したことになるため「更正の請求」はできなくなってしまう。

譲渡損は最大3年間繰り越すことができる

時事

損益通算しきれなくても心配なし！

確定申告で「損失の繰越控除」を行うことで、その年の損益通算で控除しきれない損をさらに控除することができる。

これは毎年確定申告を行う必要があるが、過去3年間の確定申告において損があった場合、損の金額分を控除としてまわせる制度だ。

累計	2023年	2024年	2025年	2026年
年間譲渡損益	−500万円	＋100万円	＋100万円	＋400万円
前年からの繰越譲渡損失額	−	−500万円	−400万円	−300万円
繰越控除（確定申告）	−	−400万円	−300万円	＋100万円 課税対象
納税額	0円	0円	0円	約232万円

繰越控除を使う際は、ほかの所得と分けて計算できる「申告分離課税」を選択。

209

基本 lecture 204
還付申告は5年前まで遡ることが可能

時事

後からでも還付を受けられる可能性がある

これは、上場株式等の譲渡損の3年間繰越控除を行いたいが、途中で確定申告を失念してしまっていた人に、特に有効なテクニックだ。

現行の制度では、上場株式等の譲渡損益や、事業所得や不動産所得などほかの所得について、確定申告をする義務がなく、行っていなかった場合、申告期限後5年間は、遡って期限後申告ができる。

ただし、本来確定申告を行うべき時期に確定申告書を提出したかどうか、またその譲渡損失の生じた上場株式の口座が特定口座の源泉徴収アリであったかどうかなどによって、期限後申告が可能かどうかが異なるため、条件にあてはまるかをしっかり確認してみよう。

応用 technique 205
株式の贈与税は最も低い評価額で確認

贈与税や相続税の節税になる

株式を贈与や相続によって取得すると、課税対象となるため、税金を支払わなければならない。

課税対象となるのは、その株式が上場している金融商品取引所が公表する課税時期（贈与の場合は贈与により財産を取得した日、相続または遺贈の場合は被相続人の死亡の日）の最終価格となる。

しかし、課税時期の最終価格が、ある一定期間の平均価格（下記①～③）よりも高い場合、最も低い平均価格を評価額とすることができる。

評価額にできる平均価格

①課税時期月の平均価格
②課税時期月の前月の平均価格
③課税時期月の前々月の平均価格

アノマリー

曜日や年間を通したアノマリーを時系列順に整理。
また、経済ショックが起きた際の相場の特徴など
いざというときに知っておきたいアノマリーを網羅。

まだはもうなり もうはまだなり

根拠のない判断は負けのもと

このテクニックは、株価が天井付近、底値付近での値動きを示し、投資家としてとるべき行動を決めるうえで参考になるもの。

「そろそろ底値」「そろそろ天井」だと思ったところが、実は相場のスタートということもある。つまり、「そろそろ底値」だと思って売った後に大きく株価が下がるケースがあるということだ。

なぜなら、そのような抵抗のゾーンを越えるほど勢いが強いということであり、新たな相場になる局面がある。そのため、安易に、そろそろ底値だろうという気持ちで買ってはいけない。底や天井の確認は、情報に抜けはないか慎重に行うべきだ。

週のなかで空売りに向いているのは月曜日

月曜日は株価が下落しやすい曜日

取引される週のなかで株価が下がるのが月曜日といわれる。つまり、買うのは月曜日の終値、売るのは金曜の始値が有効だ。また、金曜に空売りして月曜の下落後に買い戻す戦略をとることもできる。表では月曜日はその他の曜日と比較しても顕著に差が出ていることから、売りでの取引に適しているといえる。

空売りに向いた曜日[1]

曜日	勝率	平均損益
月曜日	54.44%	244円
火曜日	51.76%	9円
水曜日	52.19%	45円
木曜日	52.24%	21円
金曜日	51.91%	34円

出所:2017年刊『株暴騰の法則』(スタンダーズ)

月曜日が勝率、平均損益共に高い

※1　1990年3月1日〜2017年5月31日までの日経平均株価全銘柄を対象に「各曜日の寄付に空売り、購入日の大引けに買戻し」という条件で取引した勝率

週のなかで買いに向いているのは火曜日

短期のトレードを行う人は要注目

　曜日アノマリーのひとつ。損益の推移を辿ると、1990年～1996年まではマイナスだが、以降上昇を続けており、上昇しやすい傾向にある。株価が上がりやすいのは火曜日だが、どの曜日も勝率は5割を切っている。平均損益も高くないので、短期でのデイトレーダーの買いには向いていない。

買いに向いた曜日検証[※2]

曜日	勝率	平均損益
月曜日	45.57%	−248円
火曜日	48.24%	−15円
水曜日	47.81%	−51円
木曜日	47.77%	−25円
金曜日	48.10%	−39円

出所:2017年刊『株暴騰の法則』(スタンダーズ)

火曜日が比較的平均損益が低い

1月月初は株価が上がり2月に向けて下がる

時事

ほかのアノマリーと併せて戦略を立てる

　12月末から1月月初までは懸念材料が少なくなるため上昇傾向だが、1月中盤にはその反動でいったん下げる傾向がある。中盤以降はポジションを小さくするなど対応できるようにしておこう。

　テクニック211のアノマリーと合わせると毎年年末～5月のポジション取りの参考になる。

年始から2月の値動きイメージ

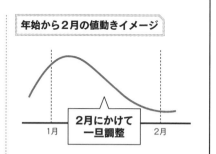

2月にかけて一旦調整

1月　　　2月

※2　1990年3月1日～2017年5月31日までの日経平均株価の225銘柄を対象に「各曜日の寄付に購入、購入日の大引けに売却」という条件で取引した勝率

基本 lecture 210

春節・国慶節前の 株価変動に要注意

🖥 時事

中国系資金の抜けで 相場が変動

　中国の春節や国慶節などの大型連休前は、中国国内の機関投資家などがポジション調整を行うために売りが出やすい傾向にある。

　春節は中国の旧正月のことで、1月後半〜2月前半ごろが該当する。国慶節は中国の祝日のことで、毎年10月10日。

　これらの中国の祝祭日は中国系の資金が抜けるため相場が変動するこ

とが多く、ポジションを小さくしたり先物でヘッジをかけたりするなどして備えておく必要がある。

　また、個別銘柄に限っていえば、休暇で日本に旅行する中国人が増加しやすく、消費も増えることから「春節銘柄」といえるような銘柄も存在する。

春節が日本株に影響を与える例

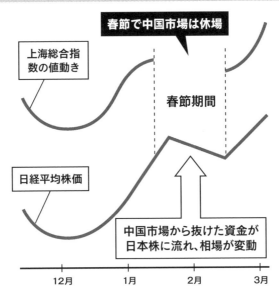

春節で中国市場は休場

上海総合指数の値動き

春節期間

日経平均株価

中国市場から抜けた資金が日本株に流れ、相場が変動

12月　　1月　　2月　　3月

鯉のぼりが見える前に いったん手仕舞い

基本
lecture
211

時事

機関投資家の買いが一巡して 株価が下落しやすい

国内の証券会社や銀行は決算締め月を3月としている企業が多いため、ノルマ達成のために3月に資金が集まる傾向にある。そうして集まった資金で新規ポジションを持つ機関投資家が多いため、4月に買いが優位の相場になりやすい。機関投資家の買いが一巡し、5月には売りにまわるため全体相場が下げやす

い。5月前に売買から離れ、相場が安定するのを待つとよい。

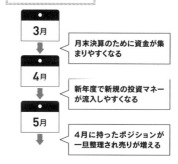

3月～5月の動き

3月	→	月末決算のために資金が集まりやすくなる
4月	→	新年度で新規の投資マネーが流入しやすくなる
5月	→	4月に持ったポジションが一旦整理され売りが増える

5月から9月までは 相場が軟調になりやすい

基本
lecture
212

時事

長期目線では割安株を 見つける機会にもなる

米国株相場では「5月に株を売り払い、株式相場を離れろ（セルインメイ）」というアノマリーが広く知られている。

全体相場が例年5月から9月までは軟調になりやすい傾向があるというもの。

夏場は機関投資家が夏季休暇を取るため相場が閑散となる、という背

景からもアノマリーとして言及される要因になっている。

また、アメリカの株式相場と日本の株式相場の相関性が高い近年では、テクニック213とも期間が重なることから、相場でも意識されることが多い「強い」アノマリーとして知られており、長期のポジションをとる際の参考になる。

45日ルールは
5月と11月に特に影響が出る

■ インバースETFなどを
■ ヘッジとして対応

　毎年11月に話題に上がる「ヘッジファンドの45日ルール」。ヘッジファンドの出資者はほとんどが大口で、資金を効率的に運用するため、解約のタイミングが3カ月に1回（3月、6月、9月、12月）、もしくは半年に1回（6月、12月）に限られている。そのため、解約を行うには解約日の45日前に通知をしなければならない。

　したがって2月、5月、8月、11月の15日ころにファンド側のポジション手仕舞いによる値動きが起きやすい。特に、11月はヘッジファンドの解約が12月に集中することから値下がりしやすい月。また、5月も大きく下落する傾向がある。

　日経平均ダブルインバースや先物などでヘッジするとよい。

　大きな資金が動くイベントなので、起因するアノマリーをチェックしよう。

5月と11月に大きく動く

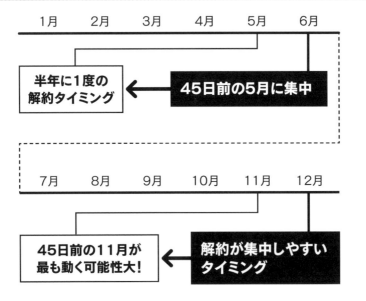

基本 lecture 214 長期投資では7〜9月が仕込みのチャンス

時事

お盆の売りが出た後のタイミングに注目！

このテクニックは中長期で株を買うなら夏の時期が安く買えて効果的というもの。

投資格言に「株は秋に買って春に売れ」というものがある。これは、大体3月末決算が出揃う5月中旬ごろが株価の天井になり、それから閑散相場が続き、年末に向かって動く秋ごろに買い始めろ、という1年を通じた売買タイミングのこと。

一方、最近は秋に買えば儲かるという格言が有名になり、購入時期が前倒しになってきている。最近の傾向ではお盆の売りが出た後の8月下旬から9月上旬である。

1年のスパンで投資を検討するのであれば、7〜9月の下がったタイミングで仕込んで、3〜4月の高くなったところで利確することで、より効率よく利益を得ることができるだろう。

7〜9月は負け数が多くなる※

	勝率		勝率
1月	52.15%	7月	40.00%
2月	50.36%	8月	40.93%
3月	52.62%	9月	40.07%
4月	54.84%	10月	43.75%
5月	47.76%	11月	41.91%
6月	49.91%	12月	51.42%

出所:2017年刊『株暴騰の法則』(スタンダーズ)

7〜9月は最も勝率が低い

↓

考え方を変えると、株を**安く仕込めるチャンス**となる

※1990年3月1日〜2017年5月31日までの全上場銘柄を対象に「毎月はじめに全上場銘柄を購入、毎月末に全上場銘柄を売却」という条件で取引した勝率

基本
lecture
215

IPOは12月が多い

IPOの当選確率を高めるなら 12月まで資金を貯める

年間を通じ、効率的にIPOで儲けたい投資家が知っておきたいテクニック。

1年のうち、企業の決算スケジュールの都合によって、12月はIPOの件数が最も多くなる傾向がある。そこで、12月に向けて資金を用意しておくと機動的に動けるだろう。

当選の確率を高めるために複数の口座を開設しておくことが基本戦略となるが、特にIPOが起きやすい12月は注目だ。上場する銘柄の主幹事・幹事を多く務める証券会社の口座開設は必須である。

一方、一定期間にIPOが集中すると弊害も生まれることがある。上場する企業が多ければ多いほどIPOに回る資金が分散されるため、初値がそれほど高くない場合もあるのだ。

IPOを狙うなら件数が多い12月

2018年〜2022年に新規上場した企業数の統計

	2018年	2019年	2020年	2021年	2022年	合計
1月	0	0	0	0	2	2
2月	3	5	4	9	8	29
3月	14	17	23	15	9	78
4月	9	5	2	11	9	36
5月	3	1	3	0	1	8
6月	11	11	6	24	12	64
7月	10	6	7	12	5	40
8月	3	1	4	4	2	14
9月	13	6	9	13	10	51
10月	9	14	11	6	17	57
11月	3	2	6	8	7	26
12月	19	21	27	34	25	126
合計	97	89	102	136	107	531

出所:日本取引所グループより編集部作成

基本
lecture
216

時事

12月は月初の下げで買って
月末の上げを待つ

「12月は株安」は厳密には
「12月月初が株安」

12月にはメジャーSQ（テクニック189参照）があり、さらに機関投資家がクリスマス休暇前に組んでいたポジションを清算する動きが強まる傾向がある。そのため、「12月は株安」になりやすい。

しかし、厳密にいうと、株安になるのは12月初旬だ。

12月中旬から1月にかけては買いが戻り上昇しやすくなるだけでな

く、政治経済などのイベントも落ち着き悪材料が出にくいためだと予想される。

このことから、11月中に保有している銘柄があれば、月末までにポジションを解消、もしくは小さくしておき、12月の月初の下げを待って新規で買い、翌年1月上旬まで持ち越すプランを組むことができる。

12月〜1月の値動きの例

[IDEC(6652) 日足 2022年10月19日〜3月15日]

12月1日3290円

1月31日3075円

12月に向けて 小売・ゲーム関連が上昇する

時事

クリスマスに向けて 業績が上がりやすい

アメリカでは毎年11月第4木曜日にある感謝祭翌日の金曜日は「ブラックフライデー」と呼ばれており、小売店では1年間で最も売上高の多い1日である。

また、ブラックフライデーからクリスマスにかけては「クリスマス商戦期間」と位置づけられており、期間中は日本の比でないほど消費が盛んになる。

小売各社はかなり力を入れて販売を伸ばし、特に小売や子ども用のゲーム関連企業が上昇する。

そのため、米国株はおおむね堅調になりやすい傾向があり、日本でもブラックフライデーに向けて堅調になりやすく、関連企業が上昇する傾向にある。

時価総額の小さな銘柄が 大きな成果を上げる小型株効果

リスク大

小型株は注目されると 一気に株価が上がりやすい

意外と知られていないが、時価総額の比較的小さな銘柄が、時価総額の大きな銘柄のパフォーマンスを上回る現象を、小型株効果という。

この効果を裏付ける明確な理論はないが、大型株の場合、何かと注目が集まってしまうため、割安で放置されることはあまりない。

一方の小型株は、普段、相場での注目度は低く、割安な状態である可能性が高いと認識されてはいる。しかし、それだけになにかあった際の利益の伸びしろは期待できるからと考えられている。

ただし、小型株は一度注目されると株価が大きくなるだけに、急激に下落することがある。

大きく変動するということは、その分リスクも高いため、実際に投資する際は注意が必要だ。

基本 lecture 219

ブラックマンデーがあった日は暴落に備える

⏱ 時事

⚠️ リスク大

懸念から株価が変動することがある

1987年10月19日にNY証券取引所で起こった世界的株価大暴落「ブラックマンデー」を筆頭に、10月に暴落が起こりやすいというアノマリーがある。

ブラックマンデー以後、1990年10月や2008年10月などに大きな値幅で変動したこともあり、実際に前後は暴落が起きやすい傾向にある。

いまだに相場ではブラックマンデーが意識され、株価が変動することもある。一方で、11月がヘッジファンドの決算月にあたるため、ポートフォリオの組み換えが起こる。これによって資金が抜けるため、10月前後は暴落が起こりやすいともいわれている。

また、ブラックマンデーを筆頭に西暦の末尾が「7」の年に暴落が起きるアノマリーがあるため留意しておきたい。

過去10月に暴落した例

年月日	原因	結果
1929年10月	魔の木曜日	ダウ平均株価が10%以上の下げ
1987年10月	ブラックマンデー	ダウ平均株価が22.6%、日経平均株価は14.9%下げ
1990年10月	日本のバブル崩壊	日経平均株価が一時2万円割れ
2007年10月	サブプライムローン問題	ダウ平均株価が下落
2008年10月	リーマンショック※	ダウ平均株価は9000ドル割れ、日経平均株価は1万円割れ

※リーマンショックの発端であるリーマン・ブラザーズの破綻は9月15日だが、影響の波及により、10月に入ってからの暴落が大きい

10月は株価が下がりやすい
▼
・スイングトレードは避ける
・中長期投資であれば株を仕入れるのもあり

ヘッジファンド　▶ 相場や相場に左右されずに絶対収益を追求する投機的なファンド

基本 lecture 220 前例がない出来事が起きると予想外に大きく動く

過去の暴落や急騰を参考にする

株式相場は基本的に相場心理として「前例主義」で動くため、大きな値動きがあったとき、個別株であれば似たような業種や業態で大きく動いた銘柄を参考にして価格が変動することが多い。つまり、似たような前例がある銘柄は極端な値動きになりづらいが、逆に考えるとそうした前例がないケースではかなり深いところまで株価が動きやすいということでもある。

コロナショックも過去のスペイン風邪という前例はあるものの、約100年前の事例ということで状況が異なる点もあり、相場にはインパクトを伴って認識された。

近年でも、メタバースやNFTなどの大きなテーマを始め、大きな銘柄で前例がない場合は、株価が大きく動くことが多い。

基本 lecture 221 寄付天井で買うと赤字になる

寄付での株価上昇が続くとは限らない

相場では「寄付天井・引け安値」という言葉がある。値上がりを期待して寄付で飛びついてみても、実はそこが天井というケースだ。その後は徐々に値下がりしていき、結果的に引けが安値となることがある。

寄付では株価が値上がりする傾向があるものの、相場やサプライズ次第では利益確定や売りの圧力が高まることがある。

寄付天井のイメージ

```
寄り付き                          寄り付き
                    ▶
              引け                引け
短い時間軸では        日足ではヒゲのない
徐々に下がっていく     「(陰の)丸坊主」
```

NFT　　▶ データ管理にブロックチェーンの技術を用い、作成者や所有権を証明することのできるデジタル資産のこと

基本
lecture
222

急な下落を表す格言
「上げは1年 下げ3日」

ようこりん

悪いニュースを聞いたら
すぐに手仕舞い

株価の上昇には年単位の時間がかかるが、下落は時間をかけず、3日ほどで急落することが多い。こうした、上昇より下落のほうが急な状態を「上げは1年 下げ3日」と呼んでいる。下図は三井住友フィナンシャルグループ（8316）のチャートだ。順調に上昇していたが、3月10日から突然下落が始まり、下落3日目にはBBの−3σに触れるほ

どにまで落ち込んだ。

2023年3月8日以降、アメリカで3つの銀行が倒産し、その影響で日本の銀行株も急落したのだ。長期で保有している人は問題ないが、直近2〜3カ月前に買った人はすぐに手仕舞いをする勇気が必要だ。また、銀行の倒産といった大きなニュースは下落が継続する恐れがあるため、押し目だと考えて飛びつかず、3日〜1週間ほど様子を見てから買うほうがよい。

3日で株価が急落したケース

［三井住友フィナンシャルグループ（8316）　日足　2022年9月〜2023年3月］

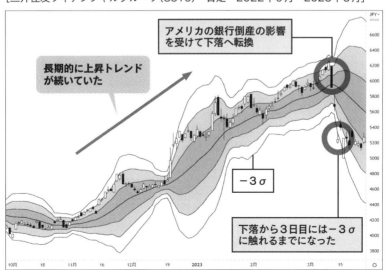

長期的に上昇トレンドが続いていた

アメリカの銀行倒産の影響を受けて下落へ転換

−3σ

下落から3日目には−3σに触れるまでになった

ようこりんさんの
テクニカル判断

どんな投資をする人?

> 相場に応じて
> スイングトレードも
> 行う

✓ 投資・トレードの期間

タダ株化による配当・優待を考慮した長期投資がメイン

✓ 投資・トレードのスタイル

逆張り、分散投資

✓ 売買の分析・判断方法

ファンダメンタルズ分析 (銘柄選び) とテクニカル分析 (売買判断)

安い株価で買って長期保有

5つある投資用の口座のうち、ブログなどで公開しているのは1口座のみ。この口座だけでも200銘柄保有する超分散投資を行っている。心がけているのは「買値平均を下げること」「含み益を伸ばし、含み損の銘柄を減らす」こと。

まずは業績やサービス内容から今後伸びる銘柄かをファンダメンタルズで検討する。業績が低迷していないかが一番重要。株価指標はPER 20倍以下、ROE 10倍以上などが基準だ※。かつ10年分のチャートも見て現在値が割高か割安かを確認。後は、テクニカル指標を使って割安だと考えるタイミングで買いを入れる。

※ただし、PERやROEの基準は「どの業種か」「高配当銘柄か」「業績がよいか」で変化する。PER、ROEの基本的な解説は、それぞれテクニック175、180を参照。

3つのテクニカル指標を使って
割安なタイミングを見つける

割安のサインが3つ揃ったタイミングで買い

ファンダメンタルズ分析以外に、具体的な売買タイミングを探るためテクニカル指標を使っている。MACD（テクニック138参照）、RSI（テクニック137参照）、ストキャスティクス（テクニック135参照）の3つのインジケーターを使った手法だ。

まず、チャート上にこれら3つを同時に表示させる。MACDがGCを形成する、RSIの値が30を割り込む、ストキャスティクスの値が20を割り込む、この3つが重なったタイミングはテクニカルとして割安な状態であり、買いのサインになる。3つのテクニカル指標を同時に見ることでサインの信ぴょう性が高まる。

また、業績が良好であるなど、将来的な株価上昇の材料がある状態で株価が下がれば、買い値平均を下げるために買い増しを行う。

3つのサインが同時に現れたら買い
[商船三井(9104)　日足　2022年7月～2023年3月]

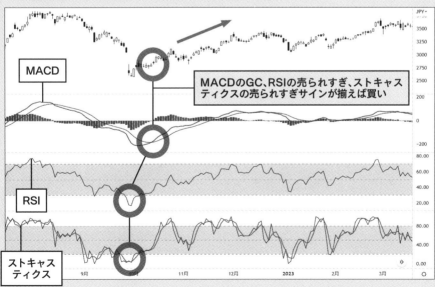

含み益の銘柄を増やし
タダ株をつくって売却する

値上がり・優待・配当で株をタダにする

私はよくタダ株をつくる。タダ株とは投資金額の元を取ることができた株のこと。例えば、優待・配当として100株分のタダ株が欲しいときはその10倍の株数を買う。株価が300円のとき、10単元分を買えば投資金額は30万円となる（1単元＝100株分の投資資金は3万円）。株価が10%上がって330円になれば含み益は3万円となり、100株分の投資金額と同額に

なる。つまり、株価が10%上がれば100株分のタダ株ができるのだ。

売り時として、不要な900株分を売却すれば※、手元に残った100株は完全に元が取れているため、今後株価が変動してもダメージは受けない。配当や優待がある銘柄なら、保有するだけで毎年利益が生まれる。また、900株分の売却によって生まれた利益は次の割安な銘柄の投資資金に使う。

100株分のタダ株をつくる方法

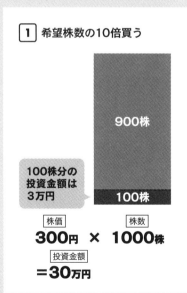

1 希望株数の10倍買う

900株

100株分の
投資金額は
3万円

100株

株価		株数
300円	×	**1000**株

投資金額
＝**30**万円

2 株価が10%値上りしたら売却

不要な株数は利益確定させる

900株

タダ株として保有して優待や配当を受けとる

100株

株価が10%上がれば100株分の投資金額（3万円）と同額の利益が出る

※さらなる株価上昇が見込める場合、残り900株のうち100株分だけ利確しておき、残りの800株はより値上りしたタイミングで売却することも可能

事前に決めていた
保有株数を超えたら損切り

買い平均を下げるために買い増しする

225ページでも触れた通り、保有銘柄の株価が下がれば、買い値平均を下げるために買い増しする。このとき事前に保有株数の上限を決めておく。例えば、保有株数を3000株までと決め、下図のJトラスト（8508）をA地点で1000株買ったとする。その後株価が下がったため、B地点、C地点で1000株ずつ買い増しを行い、保有株数が3000株になった。その後も株価が下がれば、D地点で1000株分（A地点で買った分）を損切りして、新たに1000株分買い増しをする。

このように、最初に買い増しした分を損切りして新たに買い増しする。また、D地点ではBBの－3σまで下がるだろうと予測できるためそこまで買い増しを続ける。その後株価が上昇すれば、損失額を取り戻し、かつタダ株ができるポイントで利確する。

保有銘柄数を決めて損切りをする
[Jトラスト（8508）　日足　2023年2月～4月]

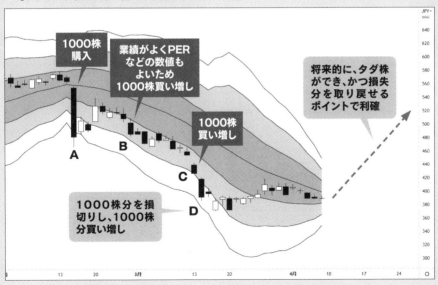

ひとつの業種で稼ぐ投資家のワザ

ゆずさんの
ストーリー手法

どんな投資
をする人？

✔ **投資・トレードの期間**

数カ月から数年間保有の長期投資

✔ **投資・トレードのスタイル**

エンタメ業界の株だけに絞った専門投資

> 誰よりも
> 詳しい分野で
> 投資する

✔ **売買の判断**

ファンダメンタルズ分析が中心

得意な分野の銘柄に絞って長期的に保有

最終的な買いの判断はチャートを見て行うが、銘柄を選ぶ際は業績などを見るファンダメンタルズ分析が中心となる。自分が詳しい業界・分野のほうが失敗を抑えやすいため、エンタメ業界に絞って投資をしている。特にゲーム業界では、世界の市場規模が数年で2倍のペースで拡大し続けており、年ベースでも2桁成長。今後も成長していくことが予測されている。

実際に株式を買うときには1年後のストーリーを考え、業績が上がっているかを検討しているため、1年以上保有することが多い。業績がよく株価が下がっている状態であれば、割安だと判断して買い増すこともある。

ゲーム株は決算だけでなく 発売スケジュールも確認する

業績改善のストーリーを描く

銘柄を選ぶ際は、決算短信や決算資料などを読み込み、ゲーム市場全体の成長や、特定のエンタメ市場の動向も分析している。それに加え、実際にゲームやエンタメに触れて、どの企業がいいサービスを展開しているかについて理解を深める。基本的には連続で増収増益している銘柄がよいが、その年のゲームの発売スケジュールを見ることで、おおよそのゲームの売上や利益を予想できるため、そのときの決算が弱くても期待できる銘柄はある。

例えば、2017年3月にNintendo Switchが発売される前、任天堂（7974）の業績は右肩下がりだったが、同商品の発売によって業績が改善されるというストーリーを描けたため投資する、という具合だ。また、1年に数回ある暴落や調整が来るのを待って買いを入れることもある。

ストーリーをもとに投資する例
［任天堂（7974）　週足　2014年12月〜2018年10月］

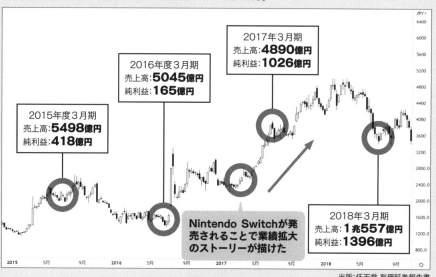

2015年度3月期
売上高:**5498億円**
純利益:**418億円**

2016年度3月期
売上高:**5045億円**
純利益:**165億円**

2017年3月期
売上高:**4890億円**
純利益:**1026億円**

Nintendo Switchが発売されることで業績拡大のストーリーが描けた

2018年3月期
売上高:**1兆557億円**
純利益:**1396億円**

出所:任天堂 有価証券報告書

業績発表前の値動きを見ながら保有期間を検討する

業績が織り込まれていれば手仕舞い

株式を買う前に、まず保有期間を決めておく。

例えば、昨年より今年の業績がよくなると予想できる企業の場合、市場も事前に好決算だと理解している場合が多い。そうしたときは好決算が織り込まれ、決算発表前に株価が上がりやすい。以下のケースのように、決算発表後に株価が伸びる期待が低いため、決算の発表前でイグジットすると事前に決めることができる。

反対に、自身が「売れるはず」「業績がいいはず」だと思って買ったものの、いまいち売れていなければ保有をやめてイクジットする。また、企業が出した通期の業績予想をどれだけ達成できたかを「進捗率」という。進捗率が悪い、つまり業績予想より業績の実績が追いついていない場合も、保有をやめることになる。

業績がよい場合は決算発表前に手仕舞いする
[スクウェア・エニックス・HD(9684)　日足　2022年8月～12月]

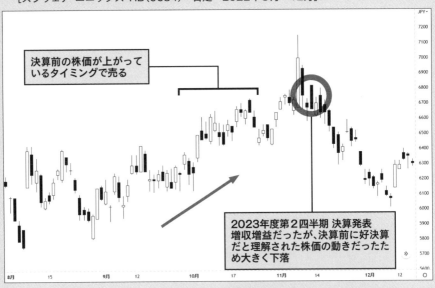

決算前の株価が上がっているタイミングで売る

2023年度第2四半期 決算発表
増収増益だったが、決算前に好決算だと理解された株価の動きだったため大きく下落

成長できるストーリーが
達成できないときに損切り

株価ではなく業績・ストーリーで判断する

損切りを行う状態になることが少ないため、原則損切りは行わない。というのも、229ページで解説した通り、成長のストーリーを描ける銘柄を、暴落やショック安などかなり安い時期に買っているため、そこから株価が下がって損切りをするケースは非常に少ない。さらに、信用取引を使わずに現物株のみで無理なく買いを入れている点も理由のひとつ。

損切りをするとしたら、描いていた成長ストーリーが描かれないときだ。売れると考えていた商品が全然売れていない、業績の進捗が振るわず業績予想を達成できる見込みがない。決算や市場の反応を眺めながら、そういった銘柄を損切りする。

中長期投資の目線で考えているため、価格ではなく、あくまでも業績予想や成長性から判断している。

買いの理由が崩れたら損切り

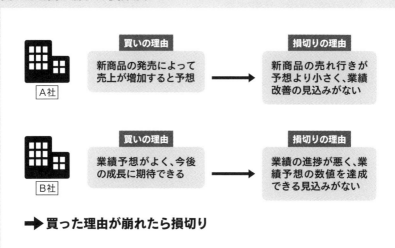

| A社 | **買いの理由**
新商品の発売によって売上が増加すると予想 | → | **損切りの理由**
新商品の売れ行きが予想より小さく、業績改善の見込みがない |
| B社 | **買いの理由**
業績予想がよく、今後の成長に期待できる | → | **損切りの理由**
業績の進捗が悪く、業績予想の数値を達成できる見込みがない |

➡ **買った理由が崩れたら損切り**

平野さんの
テクニカル手法

どんな投資をする人?

✔ **投資・トレードの期間**

日経225先物でメインはスイング(数日間)、

短期売買(15分足)も行う

✔ **投資・トレードのスタイル**

メインは順張り

マルチタイムフレーム分析も使用

> 短期売買では
> 逆張りも行う

✔ **売買の分析・判断方法**

テクニカル分析が中心

大きな相場の流れをみてトレンドフォロー

トレンドフォローは、大きな相場の流れを確認し、その方向性に沿ってエントリーのタイミングを探る手法。

私は、8時間足、または日足の大きな流れが「上」を向いているときに買い優勢と判断して、押し目のタイミングで買いを入れる。また、ブレイクアウトが発生すれば、より株価が高くなることを期待してさらに買う。

一方、大きな流れが「下」のときは、売り優勢と判断して、戻り売りを行う。また、より安くなることを期待して、ブレイクアウトで売りを行う。

この手法は日経225先物でよく使うワザだが、株式投資でも使える手法だ。

マルチタイム フレーム分析	▶	複数の時間足を総合的に分析する手法。大きな時間軸(上位足)で相場の大きな流れを 確認しながら、小さな時間軸(下位足)で具体的な売買のポイントを探る

マルチタイムフレームでの ブレイクアウト

大きな流れのなかで特に強い流れを探る

　大きな流れの方向を見たうえで、相場がより強気のときに絞って売買を行うため、週足と日足によるMFTとCCIを使用する。CCIは通常、売られすぎのときに逆張りで買い、買われすぎのときに逆張りで売りという使い方をするが、私は順張りで使用している。上位足（週足）のCCIが100を超えているのを確認後、実際にトレードを行う下位足（日足）のCCIが100を超えたら、買いでエントリーする。CCIの設定に関しては、上位足は20期間、下位足は、エントリータイミングを早く表示させたいので15期間にしている。下図では、Aのローソク足ができたとき、もともと上位足（週足）は100を超えていたため、大きな流れは「上向き」とわかる。そのなかで下位足が100を超えたことを確認して買いでエントリーする。

CCIを使ったエントリーポイント
[ホシザキ（6465）　日足　2023年2月～3月]

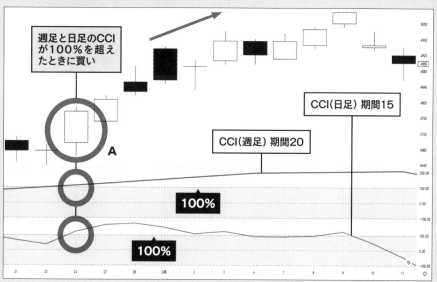

週足と日足のCCIが100%を超えたときに買い

CCI（週足）期間20

CCI（日足）期間15

A

100%

100%

CCI ▶ 商品チャネル指数（Commodity Channel Index）。商品先物市場の分析でよく使われる。100%を超えると買われすぎ、−100%を超えると売られすぎと判断できる

相場にあわせて
損切り注文を移動させる

ローソク足過去3本の最安値が損切りポイント

いったんポジションを取った後は、利益を伸ばすことを意識しながら、しっかりと損切りのポイントを決めておくことが肝心だ。

まずAでポジションを取った後に、最初の損切りラインを、逆指値注文を使って設定する。具体的には、建てた足を含めて過去3本の最安値Bに逆指値注文を発注する。

その後、相場が思惑通りに推移した場合（この場合は買いで入っているため、株価が上昇した場合）、逆指値注文を移動させていく。例えば、Cの足が付いた時点で、Cを含めた過去3本の最安値であるDに、逆指値注文を移動する。

このように、足が1本終了するたびに、過去3本の最安値を確認して、そこに逆指値注文を移動させるのだ。

損切りポイントの移動方法
[ホシザキ（6465）　日足　2023年2月～3月]

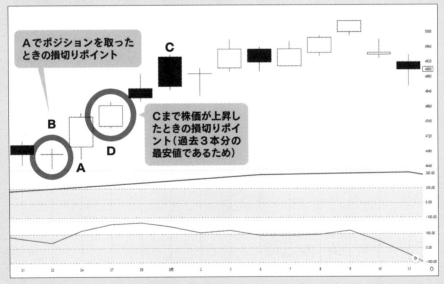

Aでポジションを取ったときの損切りポイント

Cまで株価が上昇したときの損切りポイント（過去3本分の最安値であるため）

決済のタイミングは
下位足のCCIを見て決める

100を割り込むと上昇力が落ちる場合がある

　Aでポジションを取った後、相場が思惑どおりに推移した場合（株価が上昇した場合）は、当初の損切り注文を移動させていくのだが、途中、下位足のCCIが終値ベースで100を割り込んだ場合は、ポジションを閉じたほうが無難である。

　下図では、Eが引けた時点では、損切りラインであるF（過去3本の最安値）を下抜けていないものの、下位足

（日足）のCCIが100を割り込んでいる。実際にはその後も株価は上昇を続けているが、上昇力が落ちることがあるので、念のため、ポジションを閉じておく。

　ポジションを複数持っている場合、一部のポジションは下位足のCCIが100を割り込んだ時点で決済し、残りのポジションは損切りラインに引っ掛かるまで保有することもできる。

CCIを使った決済方法
[ホシザキ(6465)　日足　2023年2月〜3月]

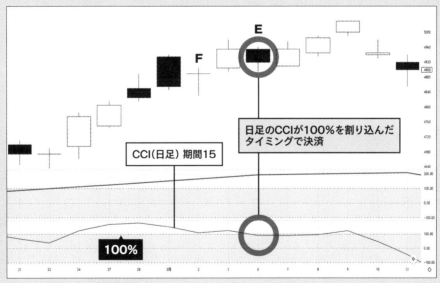

E

F

日足のCCIが100%を割り込んだ
タイミングで決済

CCI(日足) 期間15

100%

235

FPと金融アナリストが読み解く

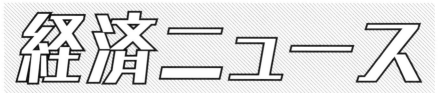

経済ニュース

株式相場を変動させ得るニュースをキャッチし、正しく相場を読み解くことで相場観を養うことができる。FPである伊藤亮太さん、経済アナリストである三井智映子さんから、2023年のニュースの読み解き方を学ぼう。

伊藤亮太
ファイナンシャルプランナー（FP）。金融教育普及活動や、家計の生活支援、企業の経営支援を行う

三井智映子
金融アナリスト。投資教育に注力し、全国にセミナー講師登壇するほか、企業IRセミナーのプロデュースも手がける

2023年4月3日

News 1 経済産業省が発表した
国内の半導体産業強化

概要 経済産業省は、国内の半導体産業を強化させる取り組みをまとめ、2030年には半導体関連の売上を、現在の3倍となる15兆円に増やす目標を打ち立てた。また、熊本県には日本で始めて台湾の半導体メーカーTSMCの工場が進出する予定だ。

伊藤さん 半導体銘柄は、今後も期待できる側面が大きい。しかも配当利回りが高い銘柄も多くある。中長期投資で配当を受け取りながら、大きな成長を期待し保有していくのがよいと考える。半導体商社なども狙い目

三井さん 半導体産業の世界シェアが凋落している状況で日本政府は半導体を支援。政策関連として注目できる。ローム（6963）や三菱電機（6503）、富士電機（6504）などとともに6月の骨太の方針も注視したい

骨太の方針 ▶ 政府による経済財政政策などの通称。毎年6月に策定される。2021年の骨太の方針によって半導体の製造基盤の強化が盛り込まれた

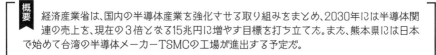

News 2 ゼロコロナ政策の事実上の廃止「中国の新10条」

概要 2022年12月7日、中国は通称「新10条」と呼ばれる通知を出し、事実上、ゼロコロナ政策を取りやめる方針を立てた。この通知以前に行われていた、感染拡大に伴うロックダウン（都市封鎖）や移動制限が大きく緩和されるという。

伊藤さん

中国は世界の工場であり、ゼロコロナ政策は特に半導体銘柄などへ大きく影響を与えてきた。今後は正常化へと戻ることで、半導体のほか、中国での製造を中心とする企業などは株価が堅調となる可能性がある

三井さん

日本では中国向け輸出の拡大と中国人観光客の増加が期待される。アジアやオセアニア諸国、中南米、アフリカ諸国の経済に寄与するほか割安になった中国株も買い場かもしれない。資源価格の押し上げには注意

2023年4月8日

News 3 10年ぶりに行われる日銀総裁の交代

概要 日本銀行の総裁が10年ぶりに交代。黒田総裁は2023年4月8日に任期を終え、植田氏に引き継がれる。植田氏は戦後初となる経済学者出身の総裁となる。1998年から2005年までは日銀審議委員を勤めるなど実務経験も持ち、「理論と実務」が期待される。

伊藤さん

今後の金融政策次第では株式市場が変化する可能性がある。金利を引き上げるなど軌道修正した場合は株式市場全体でマイナス。特に借金の多い企業には不利に、お金を貸す銀行などにはメリットとなりやすい

三井さん

YCCの変更、廃止について年内に修正が入ると海外投資筋は見ているとの情報も。GPIF運用委員長を務めた経験もある植田氏の異次元金融緩和の出口戦略に注目だ

GPIF ▶ 日本の年金積立金管理運用独立行政法人。納められた年金を運用・管理している

News 4
アメリカの大手銀行である
シリコンバレー銀行が経営破綻

概要 アメリカ大手の銀行であるシリコンバレー銀行が経営破綻となった。増資計画を同月8日に発表していたが、信用不安により預金が流出し破綻した。その後、アメリカでさらに2行の銀行が破綻。スイスでも大手銀行クレディ・スイスが破綻の危機に瀕した。

伊藤さん 信用不安といった観点から、米国や欧州の金融機関にとってマイナスのニュースが流れる可能性はある。また、仮にインフレが収まらない場合、さらなる金利引き上げが世界経済にマイナスとなる可能性がある

三井さん 政府は金融システムを守る対応を徹底しており金融危機にはつながらないと考えるが、今回のようにSNSの影響での急速な経営破綻には要注意。またFRBが利上げを継続、加速すれば大きな下げも考えられる

News 5
2024年に行われる
アメリカ大統領選の動向

概要 2022年11月に実施された中間選挙を経て、2024年11月、アメリカで大統領選挙が行われる。バイデン現大統領の出馬予定や、トランプ前大統領が率いる共和党の勢いに注目が集まっている。

伊藤さん アメリカの選挙年は、どちらかといえば株価が上がりやすい年になる。各候補者の政策が株式市場を左右する可能性があり、特に誰が当選濃厚かに注目したい。期待感による株価上昇は結果次第で反転しやすい

三井さん 1970年以降、大統領選前年の株価は統計的に上昇しており、選挙年も前年ほどではないにしろ上昇する傾向にある。大統領が再選に向けて積極的な政策を打ち出すことへの期待感などが要因

コト消費 ▶ 商品・サービスによって得られる「体験」や「経験」に価値を見出し、重視する消費行動のこと

News 6
水際対策緩和・終了による
インバウンド需要の増加

概要 2022年10月のコロナ水際対策緩和以降、海外からの旅行客は急速に戻った。さらに、2023年5月8日には水際対策が終了するという報道もなされ、本格的にインバウンド需要が増加すると予測される。

伊藤さん インバウンド需要の増加が、今後の日本経済・日本株式を大きく左右する要因となり得る。期待できるのは旅行関連、ブランド品販売専門店など。外国人旅行客の増加が見込めれば追加買い増しも検討できる

三井さん 宿泊業界、交通業界、飲食業界、百貨店などの小売業などへの恩恵が考えられる。モノ消費からコト消費に需要がシフトしていることで地域活性の起爆剤としても期待。景気ウォッチャー調査も業種選びの参考に

訪日外国人数の推移

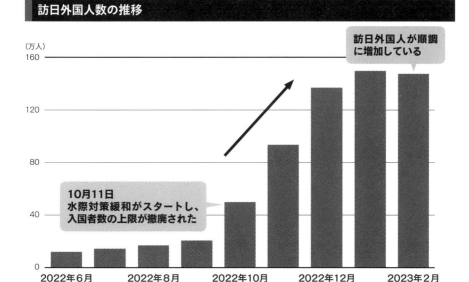

訪日外国人が順調に増加している

10月11日
水際対策緩和がスタートし、入国者数の上限が撤廃された

（万人）

出所:日本政府観光局「訪日外客統計」

景気ウォッチャー調査 ▶ 内閣府が行う景気調査。スーパーの店員、レストランの従業員などの回答をもとに景気感を計測。街角景気指数とも呼ばれる

株の稼ぎ技 ～植田日銀の金融政策編～

2023年5月5日　発行

編集	榎元彰信
	（株式会社ループスプロダクション）
カバーデザイン	ili_design
本文デザイン・DTP・図版作成	竹崎真弓（株式会社ループスプロダクション）
校正	伊東道郎
制作にご協力いただいた識者・トレーダー	戸松信博／三井智映子／平野朋之／ようこりん／
	ゆず／伊藤亮太
再掲載テクニック提供識者・トレーダー	V_VROOM ／かんち／足立武志

発行人　佐藤孔建

編集人　梅村俊広

発行・発売　〒160-0008
東京都新宿区四谷三栄町12-4 竹田ビル3F
スタンダーズ株式会社
TEL：03-6380-6132

印刷所　中央精版印刷株式会社

e-mail　info@standards.co.jp

https://www.standards.co.jp/

●本書の内容についてのお問い合わせは、上記メールアドレスにて、書名、ページ数とどこの箇所かを明記の上、ご連絡ください。ご質問の内容によってはお答えできないものや返答に時間がかかってしまうものもあります。予めご了承ください。
●お電話での質問、本書の内容を超えるご質問などには一切お答えできませんので、予めご了承ください。
●落丁本、乱丁本など不良品については、小社営業部（TEL:03-6380-6132）までご連絡ください。